KB267794

예습과 복습의 과학

최신 인지심리학이 밝혀낸
효과적인 공부법

예습과 복습의 과학

시노가야 게이타
권정애 옮김

또다른우주

저는 오랜 기간 대학 연구실과 교육 현장에서 인지심리학을 바탕으로 공부법을 연구해 왔습니다. 공부한 만큼 실력이 늘지 않거나 공부 자체를 힘들어하는 사람들이 많습니다. 그런 분들을 위해 '학습'과 '정보처리'에 관해 지금까지 밝혀진 여러 연구 결과를 토대로 예습법과 복습법의 핵심 내용을 묶어 이 책에 담았습니다.

다만, '이렇게만 하면 돼!'라는 최강의 공부법은 원래 존재하지 않는다는 사실을 미리 밝혀둡니다. 여러 방법을 탐색하여 그중 자신에게 가장 맞는 것을 찾아내는 과정이 매우 중요합니다.

이런 태도는 학교 교육 과정을 마친 후에도 아주 유용합니다. 직장 생활을 잘하기 위해서는 선배나 동료에게 꼭 배워야 할 업무가 있고, 사회인으로서 살아가기 위해서도 반드시 알아두어야 할 일, 알아두면 이로운 일이 많습니다. 학교 공부가 끝나도 우리는 평생 '학습자'로서 끊임없이 타인, 책, 인터넷에서 새로운 지식을 배워야만 합니다. 그럴 때 어떻게 하면 좀 더 잘 배울 수 있는지를 고민하고 탐구하는 자세는 삶의 큰 무기가 됩니다.

우선 1장에서는 사람의 정보처리 구조나 학습 능력을 둘러싸고 지금까지 논의된 여러 주제를 다루면서, '지식'을 익히는 일이 얼마나 중요한가에 대해 상세히 설명합니다. 2장에서는 '공부법' 연구가 얼마나 중요한지 알아봅니다. 아무리 의욕이 넘쳐도 무턱대고 열심히 하기만 해서는 생각만큼 성과를 거둘 수 없습니다. 먼저 공부법에 대한 고민과 탐색이 필요합니다. 이 부분을 다룬 교육심리학의 여러 연구 결과를 함께 소개하면서 살펴봅니다. 또 훌륭한 학습자는 스스로 공부하고 스스로 동기를 부여하는 등 자신의 학습을 알아서 조절하는데 3장에서는 이러한 측면에 대해 알아보려고 합니다.

4장부터는 매일의 공부법에 대해 구체적으로 살펴봅니다. 배움은 한 번에 끝나지 않고 반복 학습을 통해 조금씩 깊어지고 넓어집니다. 수업에서 배우는 것이 다가 아니라 예습과 복습을 통해 더 깊이 있게 이해할 수 있습니다. 4장에서는 수업을 완전히 이해해 나의 것으로 만들기 위해서는 예습과 복습이 얼마나 중요한지 상세하게 설명합니다.

5장과 6장에서는 여러 연구 결과를 토대로 예습과 복습에서 핵심적인 사항들을 하나하나 살펴봅니다. 이 책에서 소개하는 공부법을 따라 하기 어려운 분도 있을 것입니다. 그럴 때는 5장과 6장의 '어려워하거나 싫어하는 과목은 어떻게 해야 할까?' 부분을 참고해 주십시오.

이 책을 읽으며 '나도 모르게 어느새 나만의 공부법을 찾았구나' 하며 놀라워하는 사람도 있을 것입니다. 자신에게 맞는 공부 방식을 활용해 온 사람이라면 '나는 이미 이렇게 하고 있어' 하며 뿌듯해할지도 모릅니다. 이미 효과적인 공부법을 실천하고 있었더라도, 인간의 정보처리 구조를 알고 왜 그 방법이 유효했는가를 이해하면 앞으로 좀 더 의식적으로 공부할 수 있고, 학교 공부 외의 여러 방면에도 응용할 수 있습니다. 공부에 대해 고민이 많은 사람, 가르치는 사람, 옆에서 도와주는 사람, 그런 여러분에게 이 책이 도움이 되기를 바랍니다.

차례

서장

나는
왜
공부하는가

공부하는 이유

선생님 여러분! 학교에서 수업받고 숙제하고 시험공부하고, 이렇게 매일 열심히 공부하잖아요. 그런데 여러분은 왜 공부하죠? 열심히 공부하는 이유는 뭔가요?

학생 A 음, 공부하지 않으면 미래가 불투명하잖아요.

학생 B 저는 다른 사람에게 지기 싫어서 공부해요. 좋은 성적을 받으면 기분도 좋고요.

학생 C 친구들 모두 열심히 하니까 저도 왠지 열심히 해야 할 것 같은 생각이 들어요.

'왜 공부하는가?'라는 질문을 받으면, 여러분은 어떻게 대답하시나요? 사람에 따라 그 대답은 천차만별이겠죠. 교육심리학에서는 공부하는 이유를 '학습 동기'라고 부릅니다. 우리가 공부하는 이유는 크게 충실 지향(새로운 지식을 알 수 있어 재미있으니까), 훈련 지향(두뇌 훈련이 되니까), 실용 지향(더 나은 미래를 위해), 관계 지향(친구들이 모두 하고 있으니까), 자존 지향(좋은 점수를 받아 자랑하고 싶으니까), 보수 지향(선생님이나 부모님에게 칭찬받고 싶어서)의 여섯 가지로 나눌

도표 0-1 학습 동기(공부하는 이유) 분류(이치카와 2004)

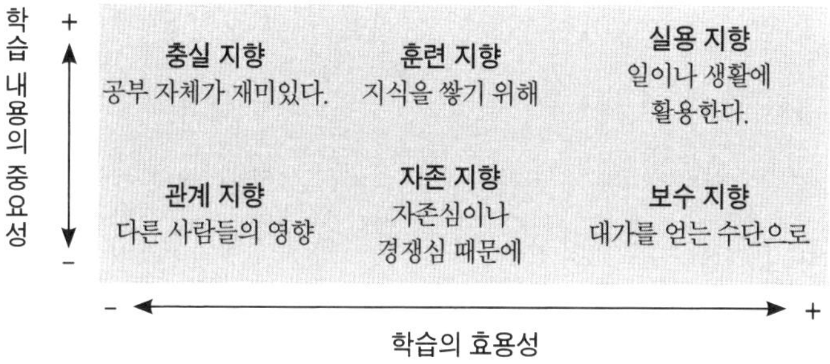

수 있습니다(호리노堀野, 이치카와市川 1997).

이 여섯 가지 학습 동기는 도표 0-1에 나오는 것처럼 '학습 내용의 중요성'과 '학습의 효용성'이라는 두 개의 축으로 정리할 수 있습니다. 세로축의 '학습 내용의 중요성'은 공부 내용 그 자체를 얼마나 중요하게 여기는가의 정도를, 가로축의 '학습의 효용성'은 공부해서 얻을 수 있는 이익을 얼마나 중요하게 여기는가의 정도를 나타냅니다.

예를 들어 '재미있으니까', '새로운 지식을 알 수 있으니까'라는 이유(충실 지향)는 공부 내용 자체에 흥미를 느끼는 것이므로, 내용을 중시한다는 점에서 세로축의 +쪽에 위치합니다. 그리고 공부가 자신에게 이익이 되는지는 의식하지 않기 때문에, 즉 효용성을 중요하게 여기지 않으므로 가로축의 −쪽에 위치합니다. 반면에, '선생님이나 부모님에게 칭찬받고 싶어서', '좋은 성적을 거둬 용돈을 받고 싶으니까' 등의 이유(보수 지향)는 공부를 통해 얼마나 이익을 얻을 수 있는가를 중요하게 여기므로 가로축의 +쪽에 위치합니다. 또 좋은 성적을 거두려는 목표에만 의식이 집중되어 있어서 공부 내용에는 크게 신경 쓰지 않으므로 세로축에서는 −쪽에 있습니다.

공부하는 이유는 사람마다 다르며 꼭 한 가지 이유만으로 공부하는 것은 아닙니다. 여섯 가지 이유 중 여러 개에 해당한다고 말할 수 있는 분들이 많을 것입니다. 공부하는 이유가 한 가지가 아니라 여러 가지일 때 훨씬 더 학습 동기가 커지겠죠.

이를테면, '알고 나면 재미있으니까'라는 충실 지향만으로 공부하는 경우, 학년이 올라가 공부 내용이 어려워지면 갑자기 흥미를 잃고 학습에 소홀해질 수도 있습니다. 실제로 초등학생, 중학생, 고등학생의 학습 동기를 살펴본 연구에서, '재미있으니까'라는 이유로 공부하는 학생들의 학습 의욕은 학년이 올라갈수록 떨어진다는 결과가 나왔습니다.

'나중에 하고 싶은 일을 하기 위해서는 꼭 필요하니까',

'경쟁자에게 지고 싶지 않으니까', '친구들이 다 하니까' 등 다양한 이유로 공부에 몰두한다면 설령 공부가 재미없어지더라도 쉽게 그만둘 수 없습니다. 하나의 이유만으로 공부하면 지속하기 어렵습니다.

'함께 노력하는 건 즐겁구나', '공부하다 보니 점점 더 흥미가 생기네', '원하는 직업을 얻기 위해서는 꼭 필요한 공부야' 등 공부에 매진해야 할 여러 이유를, 공부하는 학생들은 물론 선생님들과 학부모님들도 의식하면 더욱 효과적일 것입니다.

공부를 통해 어떤 능력을 키워야 할까?

우리는 공부를 통해 어떤 능력을 키워나가야 할까요? 문부과학성의 학습지도요령에서는 학교 공부를 통해 배양해야 할 능력이 '예측하기 어려운 사회 변화에 능동적으로 대처하며 풍부한 감성을 살려 어떤 미래를 만들어 나갈지 어떻게 사회와 삶을 더 좋게 만들 것인지 고민하며, 자신의 가능성을 발휘하여 더 나은 사회와 행복한 삶의 창조자가 될 수 있는 능력'이라고 기술합니다.

즉 넘쳐나는 정보와 복잡하게 변화하는 세상에 유연하게 대처하면서, 더 좋은 사회와 삶을 만들어 나가는 '살아가는 힘'을 익히는 것이 교육의 원대한 목표입니다. 학교의 목적은 여러 교과 공부를 통해 정보를 음미하는 힘, 정보를 바탕으로 새롭게 사고하는 힘을 기르는 것입니다.

또 '살아가는 힘'을 키우기 위한 모든 교과의 목표와 내용은 '지식과 기능', '사고력, 판단력, 표현력 등', '능동적으로 학습에 임하는 태도, 인간성 등'이라는 세 가지 주요 항목으로 정리되어 있습니다. 다시 말해, 교과에서 다루는 다양한 지식이나 기능을 제대로 익히는 일, 스스로 사고하고 생각을 능숙하게 표현하는 힘을 기르는 일, 부지런히 공부하고 제대로 배우려는 자세를 갖추는 일, 이 세 가지에 중점을 둡니다.

1장에서는 세 가지 주요 항목 중, '지식과 기능', 그리고 '사고력, 판단력, 표현력 등'에 대해 살펴보려고 합니다. 기술이 나날이 발전하면서 직업 대부분이 인공지능(AI)으로 대체될지도 모른다는 우려가 나오고 있습니다(마쓰오松尾 2015). 정보를 분석해 답을 찾는 것은 인공지능이 가장 잘

하는 일입니다.

인공지능이 인간을 대체하기 어려운 능력은 독창성이 필수인 사고력, 판단력, 표현력입니다. 그 때문에 앞으로 '지식과 기능'보다 '사고력, 판단력, 표현력'이 더 중요해질 것이라는 주장은 꽤 설득력이 있어 보입니다.

하지만 그것은 타당하지 않습니다. '사고력, 판단력, 표현력'을 기르기 위해서는 먼저 지식을 갖추어야 하기 때문입니다. 지식은 왜 중요한지, 지식을 얻기 위해서는 어떤 것들이 필요한지 1장에서 살펴봅니다.

제 1 장

모든 배움은
지식에서
출발한다

인지심리학에 기반한 학습법 연구

저는 오랫동안 인지심리학 이론을 바탕으로 공부법과 학습 지도법에 관해 연구해 왔습니다. 인지심리학이란 인간의 뇌를 컴퓨터처럼 인식하여 우리 머릿속에서 어떻게 정보를 처리하는가를 밝히는 학문입니다.

뭔가를 보고 있을 때 우리는 그것을 어떻게 파악하는가, 뭔가를 기억할 때 어떤 방법을 쓰면 오래 기억할 수 있는가, 다른 사람의 이야기를 들을 때 어떻게 하면 깊이 있게 이해할 수 있는가, 이런 것들이 바로 인지심리학의 연구 대상입니다.

저는 대학에서 심리학을 연구하고 가르치는 교수지만, 원래는 중학교나 고등학교 선생님이 되고 싶었습니다. 뭔가를 배울 때 머릿속에서 어떤 일이 일어나고 있는가에 유독 관심이 많았습니다. 그래서 인지심리학 이론을 토대로 수업 내용을 깊이 있게 이해한다는 것은 어떤 것인지, 수업 시간에 공부를 더욱 충실히 하려면 집에서는 어떤 공부를 어떻게 하면 좋은지 연구해 왔습니다.

심리학 연구의 길에 들어선 지 15년이 흘렀습니다. 그동

안 저는 예습을 통해 수업을 이해하는 방식이 어떻게 달라지는가, 어떻게 예습하면 더 효과적인가, 수업을 이해했다면 복습을 어떻게 하면 좋은가, 수업과 가정 학습을 어떤 식으로 연결하면 좋은가 등에 관해 여러 논문과 책을 썼습니다. 지금까지 제가 연구하면서 알아낸 것들과 다른 학자들이 밝혀낸 연구 성과들을 이 책에서 소개하고자 합니다.

인간의 정보처리 과정

인지심리학의 관점에서, 새로 알게 된 정보는 우리 머릿속에서 도표 1-1처럼 처리된다고 알려져 있습니다.

눈과 귀를 통해 뇌로 들어온 정보를 입력 정보라고 합니다. 수업에서 선생님이 해주는 설명, 친구가 발표한 의견, 교과서를 펼쳤을 때 눈에 들어오는 내용 등 우리가 보고 들은 모든 것이 입력 정보입니다. 반대로, 우리가 말이나 행동 등의 형태로 밖에 내보내는 정보를 출력 정보라고 합니다. 우리의 대화도, 수업 중의 발표도 출력 정보입니다.

우리는 입력된 정보를 머릿속에 담고 이런저런 생각을

도표 1-1 인간의 정보처리 과정(이치카와 2004)

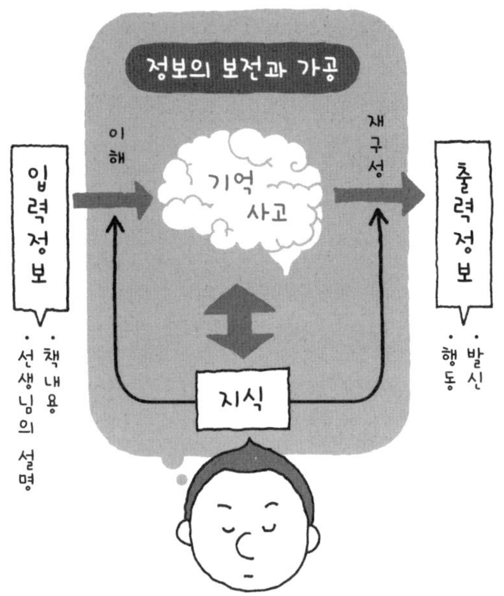

하며 정보를 처리합니다. 이 과정에서 지식은 중요한 역할을 합니다. 도표 1-1에 나와 있는 것처럼, 우리 머릿속에는 지금까지의 경험과 공부로 축적해 온 다양한 지식이 있습니다. 우리는 이 지식을 활용해 입력된 정보를 처리하고, 또 이 지식을 활용해 출력 정보를 내보냅니다.

사전 지식에 따라 이해도가 달라진다

이와 같은 정보처리 방식을 생각하면, 눈을 통해 들어온 정보를 어떻게 인식하는가, 즉, 사물을 보는 방식도 지식에 따라 달라진다는 사실을 잘 알 수 있습니다. 이것을 실감할 수 있는 쉬운 예가 도표 1-2입니다.

도표 1-2 사물을 보는 방식이 달라지는 예

THE CAT

여러분은 이것을 어떻게 읽으셨나요? THE, CAT 둘 다 가운데 문자는 같은 모양입니다. 눈에는 같은 정보가 들어오고 망막에도 같은 상이 비칠 것입니다. 하지만 우리는 앞의 문자는 H로, 뒤의 문자는 A로 인식합니다. 설령 같은 입력 정보라 해도 머릿속 지식을 활용하여 바르게 고쳐 인식하는 좋은 예라고 할 수 있습니다.

이와 같은 예는 사물을 보는 방식에만 적용되는 것은 아닙니다. 지식에 따라 문장을 이해하는 방식도 달라집니다.

다음 문장을 읽어 보십시오.

절차는 단순하다. 우선 물건을 몇 개의 더미로 나눈다. 물론 양이 적으면 하나의 더미로도 충분하다. 만약 설비가 없어서 어딘가 다른 곳으로 보내야 한다면 얘기는 달라지지만, 그렇지 않다면 준비는 다 된 셈이다. 한 번에 지나치게 많이 하지 말아야 한다. 한꺼번에 너무 많이 하기보다는 차라리 너무 적다 싶을 정도가 적당하다. 이 점이 얼마나 중요한지 금방 알아차리지 못하겠지만, 만약 이 점을 주의하지 않으면 낭패를 볼 것이고 비용이 많이 들 수도 있다. 처음에 모든 절차는 복잡하게 보일지 모른다. 그러나 곧 삶의 일부가 된다. 앞으로 이 일의 필요성이 없어진다고 예상하기는 어려우며, 결코 누구도 그런 예언을 하지 않을 것이다. 절차가 완료된 후 물건은 다시 몇 개의 그룹으로 나뉘어 정리된다. 그리고 그것들은 어딘가 적당한 장소에 보관된다. 이 작업이 끝난 물건들은 한 번 더 사용되며, 다시 이 과정이 반복된다. 번거로운 일이지만, 그러나 이것은 삶의 일부다.

얼핏 읽어서는 좀처럼 이해하기 어렵습니다. 사실 이 글은 세탁에 관한 것입니다. 이제 세탁에 대해 쓴 글이라는 점을 염두에 두고 다시 한번 앞의 글을 읽어 보세요. 아마 무엇을 말하고 있는지 이해할 수 있을 것이며, 문장 하나하나가 어떤 상황을 가리키는지 구체적인 이미지까지 떠올릴 수 있을 것입니다. 이는 우리에게 세탁에 대한 사전 지식이 있기 때문입니다.

'세탁할 때는 세탁기를 사용한다', '세탁물을 너무 많이 넣으면 세탁기가 고장날 수 있다', '세탁기가 없는 사람은 빨래방을 이용한다' 등 세탁을 둘러싼 다양한 지식을 가지고 있으므로, 이미 알고 있는 지식을 활용해 각 문장이 무엇을 말하는지 맥락을 파악할 수 있습니다.

그러나 세탁에 관한 글이라는 것을 미리 알지 못하면 세탁과 관련된 자신의 지식을 활용할 수 없습니다. 세탁에 관한 글임을 알려주지 않았을 때와 알려준 후, 이 글의 이해도가 달라진다는 점에서 이해를 위해서는 사전 지식이 필요하다는 사실을 실감하게 됩니다.

이처럼 우리는 지금까지의 공부나 경험을 통해 사람과 사물에 대한 지식을 가지고 있으며, 그 지식을 활용해 입력 정보를 처리합니다. 사전 지식에 따라 보고 들은 정보를 어떻게 받아들이는지, 어떻게 기억하는지 달라집니다.

예를 들어 친구 A에 대해 '머리가 좋다', '공부를 잘한다'라는 지식을 가지고 있는 사람이 "A가 이번 시험에서 백점을 맞은 것 같아"라는 말을 들으면, '역시 A답네'라고 생각할 것입니다. 하지만 'A는 믿을 수 없는 사람이야'라는 지식을 가지고 있는 사람이 같은 말을 들으면 'A가 뭔가 속임수를 쓴 게 아닐까?'라고 생각할 수 있습니다. 같은 말을 들었더라도 A에 대한 지식이나 이미지에 따라 해석하는 방법도, 생각하는 관점도 달라지기 때문입니다.

사전 지식에 따라 질문이 달라진다

머릿속에 있는 지식은 새롭고 다양한 질문을 만들어내는 데도 도움이 됩니다. 공부에는 반드시 익혀야 할 필수 지식을 배우는 '습득형' 학습과 스스로 질문을 만들어 새로운 지식을 얻는 '탐구형' 학습이 있습니다(이치카와 2004). 예를 들어 매일 하는 교과 공부는 교과서에 나와 있는 지식이나 기능을 배워가는 것이 목표이므로 기본적으로 '습득형' 학습이라고 할 수 있습니다. 반면, ‘여름방학 자유 연구(여름방학 동안 학생 스스로 조사해 보고 싶은 주제를 정해 연구하고, 개학 후 학교에서 연구 내용을 발표하는 과제 – 옮긴이)’는 배워야 할 내용이 정해져 있지 않고 학생 스스로 주제를 정해 진행하는 방식이므로 ‘탐구형’ 학습입니다.

이 두 가지 방식 중, 요즘 들어 탐구형 학습의 중요성이 나날이 높아지고 있습니다. 교과 공부 외에 ‘종합적인 학습(탐구) 시간(특정 교과의 틀에 얽매이지 않고 학생들 스스로 과제를 정해 조사하고, 그 성과와 연구 결과를 발표하는 시간을 말하며, 초등학교 3학년부터 고등학교까지 교과 과정에 포함되어 있다. – 옮긴이)’이 정해져 있고, 또 문부과학성의 새로운 학습지도요령에도 조사하는 일, 사고하는 일, 표현하는 일의 중요성을 강조하고 있습니다.

사회의 급격한 변화에 유연하게 대처하며 살아가기 위해서는 학교에서 다루는 여러 교과의 지식만으로는 충분하지 않으며, 스스로 질문을 찾고 해결하는 능력이 필요하다는 논의가 활발히 이루어지고 있습니다. 인공지능이 발달하는 가운데, ‘컴퓨터와 인공지능이 다양한 정보를 제공해 주기 때문에 앞으로의 공부에서는 그것들을 잘 활용해서 새로운

것을 만들어내는 능력이 더 중시되어야 한다'라는 분위기
는 앞으로 더욱 거세질 것으로 보입니다.

하지만 과연 그럴까요? 스스로 질문을 만들어내는 능력,
탐구하는 능력이 중요하다고 해서 습득형 공부가 필요 없
다는 것은 아닙니다. 왜냐하면, 우리 인간은 지식이 있어야
깊이 사고할 수 있기 때문입니다.

심리학에서는 질문 만들기에 초점을 맞춘 연구가 많이
진행되고 있습니다. 그러한 연구들은 우리가 의문을 품고
질문을 던지기까지의 과정에 대해 논합니다. 그중에는 새
로운 정보와 자신이 알고 있던 정보(머릿속에 있는 지식이나
이미지)가 서로 맞지 않아서 답답함을 느끼고, 그런 답답함
을 해소하려고 '질문'을 만들어낸다는 주장이 있습니다(딜
런Dillon 2004). 이런 답답한 상태를 '인지 부조화' 상태라고
도 부르는데, 이 답답함이 구체화하면서 질문이 만들어지
는 것입니다.

그렇다면 질문을 준비할 때도 머릿속에 지식이 있다는
것을 전제해야 합니다. 가령 인터넷에서 정보를 검색하는
상황을 가정해 봅시다. 검색으로 얻은 정보를 이해하기 위
해서는 지식이 필요합니다. 또 얻은 정보에서 자신만의 독

창적인 질문을 만들어내기 위해서도 역시 지식이 필요합니다. 눈앞의 정보와 자신의 지식이 서로 맞지 않을 때 질문이 생겨나기 때문입니다.

실험 참가자가 만들어내는 질문에 주목한 연구에 따르면, 주어진 지문에 대한 지식이 없는 사람과 지식이 많은 사람 중, 지식이 많은 쪽이 더 많은 질문을 할 수 있었다고 합니다(미야케Miyake, 노먼Norman 1979).

이 결과는 얼핏 생각하면 이상하게 느껴질 수도 있습니다. 지식이 없는 사람일수록 모르는 것투성이니까 당연히 궁금한 점도 더 많지 않을까요? 하지만 '새로 알게 된 정보와 자신이 알고 있는 정보를 대조하여 서로 잘 맞지 않을 때 질문이 생긴다'는 원리를 생각하면, 이러한 실험 결과가 잘 이해됩니다.

이런 이야기들을 종합해 보면, 생각하는 힘을 기르는 데 지식 습득이 중요하지 않다는 주장은 틀렸으며, '생각하는 힘을 기르기 위해서는 풍부한 지식이 필요하다'는 사실을 잘 알 수 있습니다.

유토리 교육의 폐해

앞서 설명한 것처럼, 인지심리학계에는 지식이 풍부할수록 새로운 정보를 쉽게 이해할 수 있고 더 많은 질문을 만들어낼 수 있다고 알려져 있습니다. 이처럼 지식은 매우 중요하지만, 과거 일본 교육에서는 지식을 그다지 중요하게 여기지 않던 시절이 있었습니다. 이른바 '유토리 교육(여유 교육)' 시절입니다.

1960~70년대 고도 경제성장기에는 무조건 지식을 많이 쌓고 좋은 대학에 들어가고 좋은 기업에 취업하는 것을 최고로 여겼습니다. 그 결과, 엄청나게 치열한 입시경쟁을 초래했고 경쟁에 대한 압박감 때문에 집단 따돌림이나 등교 거부 등의 문제가 발생했습니다. 이에 대한 반성의 의미에서 압박감을 느끼지 않고 공부할 수 있는 '유토리 교육'이 전개되었던 것입니다.

당시 문부과학성은 '새로운 학력관'이라는 표어를 내걸고, '기초·기본적인 지식뿐만 아니라 사고력과 학습 의욕도 학력에 포함하자!'라고 주장했습니다. 이 정책에 부응한 일선 학교에서는 '지식뿐만 아니라 사고력이나 의욕도 중요하다'라는 주장을 '지식보다 사고력과 의욕이 더 중요하다'로 받아들인 것입니다.

그래서 매일 진행하는 수업도 가르치는 '지도'가 아니라 도와주는 '지원'으로 바뀌었습니다. 선생님이 가르치면 지식의 주입이 되어버리기 때문에 되도록 선생님이 가르치지 않고 학생의 학습 의욕을 존중하며 학생의 사고력을 지원하는 일에 더 열중했습니다.

그러나 사고에는 지식이 필요하다는 사실은 앞서 설명한 대로입니다.

국제적인 학력평가 PISA(경제협력개발기구 OECD가 3년마다 실시하는 국제 학업 성취도 평가)는 기본적인 지식보다는 응용력이 필요한 문제들 위주로 출제됩니다. 유토리 교육이 시작되었던 1990년대부터 그 정책을 계속 이어가던 2000년대까지 일본 학생들의 성적이 크게 떨어졌습니다. 또 이 시험에서는 학습 의욕에 대한 설문조사도 실시했는데, 일본 학생들의 학습 의욕이 가장 낮은 수준인 것으로 드러났습니다.

이 결과는 당시 일본 사회에 엄청난 충격을 주었습니다. 지금까지의 주입식 교육을 반성하고 사고력과 학습 의욕을 중점적으로 교육해 왔는데, 그런 교육이 성과를 거두기는 커녕 오히려 성적이 더 나빠졌다는 결과가 나왔기 때문입니다. 그래서 문부과학성은 '기초·기본적인 지식과 기능', '사고력, 표현력, 판단력', '학습 습관'이라는 세 가지 핵심 주제를 정하고, 이를 균형 있게 익히는 것이 중요하다고 판단했습니다. 이때 세운 기본 방침이 지금까지 이어지고 있습니다.

깊은 이해의 중요성

지식은 중요하지만, 그렇다고 무턱대고 지식을 쌓아두기만 해서는 안 됩니다. 만약 지식을 머릿속에 넣기만 해도 된다면, '유토리 교육' 이전의 '주입식 교육'으로 돌아가는 셈입니다. 여기서 중요한 점은 '사고에 활용할 수 있는' 지식의 습득입니다. 그렇다면 다양한 상황에서 유연하게 활용할 수 있는 지식이란 대체 어떤 것일까요? 우선 '기초·기본적인 지식'에 초점을 맞춰 생각해 봅시다.

'기초·기본적인 지식'이라고 하면 계산 능력이나 언어

능력을 떠올리는 사람이 많을 것입니다. 이 점에 대해 오해하지 않도록 주의할 필요가 있습니다. 여러 과목에서 배우는 '개념'을 제대로 이해하는 것도 '기초·기본적인 지식'에 포함됩니다. 이를테면, 수학에서는 '이등변삼각형', '반비례'와 같은 다양한 용어와 공식, 명제 등이 기초·기본적인 지식입니다.

이 기초·기본적인 지식을 어떤 상태로 머릿속에 담아두느냐가 아주 중요합니다. 같은 공식을 외울 때 의미도 모른 채 외우는 것과, '왜 그 공식이 성립하는지'를 이해하고 외우는 것은 지식의 암기와 활용에 큰 차이가 납니다. 다양한 상황에서 유연하게 활용할 수 있는 '쓸모 있는 지식'이 되려면 그저 머릿속에 집어넣는 것이 아니라 지식이 서로 연결되어 '깊이 이해한 상태'가 되어야만 합니다.

어떻게 하면 깊이 이해한 상태인지 확인할 수 있을까요? 가장 손쉬운 방법은 '자기 말로 설명할 수 있는가'를 시험해 보는 것입니다. 의미도 모른 채 머리에만 가득 채운 상태로는 '지식과 지식이 어떻게 연결되어 있는지', '그 지식이 왜 성립되는지'를 자기 말로 설명할 수 없습니다.

예를 들어, 여러분은 사다리꼴의 넓이를 구하는 식이 왜

(윗변+밑변)×높이÷2인지, 이차함수의 꼭짓점 좌표를 구할 때 왜 완전제곱으로 변형하는지를 설명할 수 있나요? 이때 평행사변형의 넓이 구하는 법을 이용해 사다리꼴의 넓이 구하는 법을 알기 쉽게 설명할 수 있다면, 여러분은 사다리꼴의 넓이 구하는 법과 평행사변형의 넓이 구하는 법이 어떤 연관이 있는지, 왜 그런 공식이 만들어졌는지 잘 알고 있다고 할 수 있습니다. 이차함수에 관해 이야기할 때도 꼭짓점의 위치가 바뀌면 이차함수의 식이 어떻게 달라지는지를 언급하며 왜 완전제곱으로 변형하는지 자기 말로 설명할 수 있다면 깊이 이해한 상태라고 할 수 있습니다.

이처럼 기초·기본적인 지식을 자기 말로 설명할 수 있으려면 깊은 이해가 필요하다는 사실을 기억할 필요가 있습니다.

정교화와 조직화

지금까지 깊이 이해한 상태로 지식을 머릿속에 담아두어야 하는 필요성에 관해 설명했습니다. 이를 가능하게 하는 키워드로 꼽을 수 있는 것이 바로 '정교화(elaboration)'와 '조직화(organization)'입니다.

'유의미 수용 학습'이라는 말이 있습니다. 새로운 정보는 자기가 가지고 있는 지식과 연결되어야만 비로소 그 의미를 알 수 있다는 뜻입니다. 의미를 모른 채 무턱대고 머릿속에 집어넣은 정보는 금방 잊어버려 기억할 수 없고, 반대로 자기가 알고 있는 지식과 잘 연결하면 유의미 수용, 즉 의미 있는 정보로 받아들여 기억하기 쉬워집니다.

자신의 지식과 잘 연결하면 이해하기 쉽고 기억에 남는다는 '유의미 수용 학습'은 설명할 때 구체적인 예나 비유를 사용하면 좋다는 원리와 관련이 있습니다. 학교 선생님, 학원 선생님, 선배 등 주변에서 설명을 잘해주는 사람들을 떠올려 보세요. 그런 사람들은 '예를 들면'이라는 표현을 자주 사용하며 듣는 사람이 이미 알고 있는 이야기로 바꿔서 설명하는 습관이 있지 않나요? 그렇게 함으로써 설명하는 내용과 듣는 사람의 지식을 연결해 주는 것입니다.

이러한 학습 원리를 이해하면 무언가를 배울 때 의식적으로 자신의 지식과 연결하면 된다는 사실을 알 수 있습니다. 이것이 바로 '정교화'입니다. 무언가를 새롭게 배울 때,

그것을 자기 나름대로 알기 쉽게 풀어서 의식적으로 자신의 지식과 연결하면 기억을 더 잘할 수 있게 됩니다. 자신의 지식과 연결되어 의미 있는 정보로 받아들여질 때, 사고에 활용할 수 있는 지식이 됩니다.

또 머릿속 지식을 '조직화'하면 더 효과적입니다(바우어 Bower 등 1969). 어수선한 상태보다는 깔끔하게 정리한 상태가 좋습니다.

이를 알아보기 위해 바우어와 그의 동료들은 다이아몬드, 구리, 철 등 다양한 광물의 이름이 적힌 목록으로 실험을 진행했습니다. 실험 참가자들에게 광물의 목록을 나눠주고 암기하게 했는데, 이때 뒤죽박죽인 목록을 나눠 준 그룹과 깔끔하게 정리된 표를 나눠준 그룹으로 나누어 실험했습니다. 나중에 광물 이름을 얼마나 잘 기억하는지 시험한 결과, 정리된 표로 암기한 사람들이 훨씬 잘 기억한다는 결과를 얻을 수 있었습니다.

방 정리를 할 때도 물건들을 아무렇게나 쌓아두면 나중에 필요할 때 어디에 뒀는지 잘 찾지 못합니다. 하지만 '학교 관련 물건', '학원 관련 물건', '동아리 관련 물건' 등 나름의 기준으로 구분해 두면 필요할 때 바로 꺼내쓸 수 있습니다. 지식을 머릿속에 담을 때도 마찬가지입니다.

이렇듯 지식을 무턱대고 머릿속에 채워 넣지 말고, 자신의 지식과 연결하여 의미 있게 만드는 것(정교화), 그리고 깔끔하게 분류해서 정리하는 것(조직화)이 중요합니다. 그래야 다양한 상황에서 유연하게 활용할 수 있는 지식이 될 수 있습니다. 정교화와 조직화는 이 책에서 예습법과 복습법을 구체적으로 다룰 때도 언급할 내용이므로, 미리 간략한 개념을 이해해 두면 도움이 될 것입니다.

다음 장에서는 공부할 때 활용할 수 있는 구체적인 방법들을 설명합니다.

제 2 장

학습전략에 따라
결과가
달라진다

학습전략의 종류

선생님 여러분은 어떤 방법으로 공부하나요? 나름의 공부법이 있나요?

학생 A 저는 계획표를 짭니다. 중간고사나 기말고사가 있으면 시험 날짜에 맞춰서 언제 무엇을 할지 적어놓습니다.

학생 B 내용을 최대한 알기 쉽게 정리하면서 공부합니다. 예를 들어 식물을 공부할 때 겉씨식물과 속씨식물, 외떡잎식물과 쌍떡잎식물로 나눠서 표로 만드는 식이죠.

학생 C 저는 기억력이 좋지 않아서 시간을 들여 무작정 외웁니다. 영어 단어도 서른 번 이상 쓰면서 외우려고 하고, 수학 문제도 여러 번 풀어서 어떻게든 익숙해지려고 노력하죠.

학생 D 제 나름의 공부 방법이라……. 딱히 떠오르지는 않는데요. 용어집 같은 걸 만들 때가 있습니다. 이를테면 역사 속 인물이나 사건을 쓰고 제 나름대로 설명을 붙이는 거죠.

도표 2-1 공부할 때 사용하는 학습전략의 종류

	전략의 명칭	특징	사례
인지 전략	반복 전략	단순히 반복한다.	기억할 때까지 무한 반복한다. 여러 번 소리 내어 읽는다. 반복해서 문제를 푼다.
	정교화 전략	기존 지식과 연결한다.	근거를 찾아낸다. 자기 말로 바꾼다. 이미지를 활용한다.
	조직화 전략	정리한다.	비슷한 정보끼리 묶는다. 대조적인 정보끼리 묶는다. 그림이나 표로 정보를 정리한다.
메타인지 전략	점검	자신의 학습을 점검한다.	스스로 질문한다. 어디까지 이해할 수 있는지 확인한다.
	계획	계획을 세운다.	공부 계획을 세운다. 공부 목표를 설정한다.
	조절	자신의 학습을 조절한다.	읽는 속도를 조절한다. 중요한 부분에 집중한다. 자신의 공부 의욕을 조절한다.

여러분도 주로 활용하는 공부법이 있나요? 우리가 공부할 때 쓰는 다양한 방법을 학습전략(learning strategy)이라고 부릅니다. 전략이라는 말은 목표를 달성하기 위한 작전이나 전술을 뜻합니다. '제대로 이해하고 실력을 키운다',

'시험에서 좋은 성적을 받는다' 같은 목표를 달성하기 위해서 학생들이 사용하는 공부 방법을 교육심리학에서는 학습전략이라고 합니다.

지금까지의 심리학에서는 학습전략을 크게 '인지 전략'과 '메타인지 전략'으로 분류해 왔습니다(도표 2-1).

인지 전략은 교과서 내용을 이해하거나 문제를 푸는 등 우리가 눈앞에 있는 정보를 처리하는 방법입니다. 1장에서도 설명했듯, 간단히 말해 '인지'란 '정보처리'를 의미합니다. 그래서 정보처리에 관한 여러 방법을 인지 전략이라고 부릅니다.

앞에서 학생들에게 자신만의 공부 방법을 물었을 때, 학생 B는 정보를 정리해서 기억하는 방법을 쓴다고 했고, 학생 C는 무조건 반복해서 암기한다고 말했습니다. 또 학생 D는 자신만의 설명을 적어둔다고 했습니다. 이 모든 공부 방법은 '눈앞에 있는 정보를 머릿속에 담는 것'을 목표로 하는 정보처리 방법이므로 인지 전략이라고 할 수 있습니다.

메타인지 전략은 조금 더 복잡합니다. 메타인지 전략은 공부를 잘하기 위해서 공부하고 있는 나를 또 다른 내가 점검하고 통제하는 것을 말합니다. '메타(meta)'는 그리스어로 '한 단계 위'라는 뜻인데, 공부하는 자신을 한 단계 위에서 점검하고 통제하기 때문에 '메타인지'라고 부릅니다.

예를 들어, 여러분도 영어 단어를 공부할 때 기억하는지 스스로 점검해 보고, 기억하지 못한 단어에 표시를 해둔 경험이 있지 않나요? 이처럼 공부하다가 '어? 정말 알고 있는 걸까?', '한 번 더 확인해 볼까?'라는 식으로 자기가 어느 정도 이해하고 있는지 스스로 확인하는 경우가 있습니다. 이러한 작업을 점검(monitoring)이라고 합니다. '내가 이 내용을 제대로 이해하고 있는 걸까?' 스스로 자신에게 물어보는 작업이 바로 점검입니다.

그리고 점검과 함께 자주 사용되는 메타인지 전략으로 '조절(control)'이 있습니다. 어려운 글을 읽다가 '잘 모르겠네', '전혀 이해되지 않아'라고 느끼면 '천천히 읽어 보자', '이해 안 되는 부분부터 다시 읽어 보자' 같은 행동을 하게 됩니다. 자신의 이해 상태를 점검하고, 이를 바탕으로 읽는 방식을 조절하는 것입니다.

자신의 주의력을 조절하기도 합니다. 여러분도 수업 중에 특히 중요하다고 생각되는 부분은 귀 기울여 듣고, 반대로 별로 중요하지 않은 부분은 흘려듣는 경우가 있을 것입니다. 이것 역시 자신의 인지(정보처리)를 또 다른 자신이 한 단계 위에서 내려다보며 '여기는 주의 깊게 들어야 해', '여기는 신경 쓰지 않아도 돼'라며 조절하는 것입니다.

나아가 공부 의욕을 스스로 조절할 수도 있습니다. 여러분은 공부하기 싫을 때, 어떻게 공부 의욕을 끌어올리나요? 아마도 '여기까지 공부하고 아이스크림 먹어야지', '오늘 할 분량 다 하면 쇼핑하러 갈 거야'와 같이 자신에게 보상을 주는 분들이 많을 것입니다. 평소 이와 같은 방법을 쓰고 있다면, 자신의 공부 의욕을 스스로 조절하고 있다는 증거이므로, 이미 '조절'이라는 메타인지 전략을 잘 활용하고 있는 것입니다.

이 밖에도 '계획(planning)'이라는 메타인지 전략도 있습니다. 공부하기 전에 계획부터 세우는 경우가 많은데, 그렇다면 이미 이 전략을 활용하고 있는 것입니다. 이 장 첫머리에 선생님의 질문에 대한 학생 A의 대답을 떠올려 보세요. A가 말한 것처럼 공부할 때 무엇부터, 어떤 순서로 공부할지 계획을 세우는 것이 바로 이 전략입니다.

한 달 후에 중간고사나 기말고사가 있고 시험 범위도 정해져 있다고 합시다. 이런 상황에서 '시험 1주일 전까지는 무슨 일이 있어도 여기까지는 해야 해', '시험 2주 전까지는 여기까지 끝내는 게 좋겠어', '그럼, 시험 3주 전까지는 여기까지?', '그렇다면 오늘부터 일주일 동안 이렇게 생활해야겠다'라고 계획을 세웁니다. 계획 세우기 학습전략은 특히 오랜 기간 공부에 집중해야 할 때 매우 효과적입니다.

예를 들어, 대학 입시를 위해 1년간 시험공부를 해야 하는 경우를 생각해 봅시다. 저는 한 달 단위로 목표를 정하고, 그 목표를 이루기 위한 실천 과제를 하루 단위로 나누어 어떤 교과목을 어떤 교재로 몇 페이지씩 공부해야 하는지 메뉴판처럼 달력에 적어두었습니다. 나중에 제대로 이루어내면 메뉴를 하나하나 지워가며 성취감을 키워갔습니다. 당시에는 스스로 정한 과제를 이루어가는 느낌이 좋아서 한 행동이었는데, 돌이켜 생각해 보니 계획 세우기 학습전략을 실천하고 있었던 셈입니다.

학습전략의 큰 틀에 대한 설명은 이것으로 마무리하고, 이어서 인지 전략을 종류별로 알아보고, 다양한 교과목을 어떤 요령으로 공부해야 하는지, 어떤 효과를 기대할 수 있는지 자세히 살펴보고자 합니다. 메타인지 전략은 다음 장에서 다룹니다.

인지 전략

뭔가를 기억할 때 어떻게 머릿속에 담는지, 뭔가를 읽고 이해할 때 어떤 식으로 처리하는지 등, 정보처리에 관한 다양한 방법을 인지 전략이라고 합니다.

여기서는 구체적인 예로, 영어 단어를 암기할 때 사용하는 인지 전략에 초점을 맞춘 연구 사례를 살펴봅니다(호리노, 이치카와 1997).

이 연구에서는 우선 예비조사로 고등학교 3학년 학생들에게 '평소 영어 공부를 어떻게 하고 있는지'를 최대한 많이, 자유롭게 적어보게 했습니다. 이렇게 고등학생들이 영어 공부할 때 사용하는 학습전략에 대한 데이터를 모은 다음, 각 학습전략을 어느 정도 사용하고 있는지 질문 항목을 만들었습니다.

심리학에는 요인 분석이라는 분석 기법이 있습니다. 예를 들어, '항목 A에 잘하고 있다고 응답한 사람은 항목 B에서도 잘하고 있다고 응답할 가능성이 높다'와 같이 응답의 경향성을 찾아내는 기법입니다. 이 분석 기법을 사용하면 방금 수집한, 겉으로 보기에 제각각인 학습전략들 속에서

도표 2-2 **영어 단어 학습전략**(호리노, 이치카와 1997)

전략 명칭	사례
반복 전략	완전히 암기할 때까지 쓰면서 외운다. 원문을 번역하거나, 거꾸로 영작하는 연습을 여러 번 한다. 새로 나온 단어에 밑줄 치고, 밑줄 친 단어들만 따로 더 공부한다. 발음하면서 단어를 써본다. 영어 단어와 뜻 부분을 번갈아서 가리면서 뜻을 맞추거나 철자를 맞춰본다.
이미지화 전략 (정교화 전략)	단어의 철자를 인쇄된 글자 그대로 머릿속에 떠올린다. 단어의 알파벳 기호를 그림처럼 바라보며 형태와 분위기를 익힌다. 머릿속에 단어가 이미지화될 수 있도록 여러 번 바라본다. 다른 단어와 연관하여 연상할 수 있도록 암기한다. 발음이 비슷한 우리말을 연결 지어 말장난처럼 외운다.
조직화 전략	한 단어의 다양한 형태(명사형, 동사형 등)를 연관 지어 외운다. 동의어, 유의어, 반의어를 찾아 정리하며 암기한다. 같은 상황에서 사용할 수 있는 연관성 있는 단어들을 묶어서 외운다. 동사 변화를 정리한다. 철자가 비슷한 단어, 뜻이 비슷한 단어는 함께 묶어서 외운다. 문법적으로 분류(자동사, 타동사 등)해서 외운다. 단어를 외울 때 해당 단어가 들어있는 숙어도 함께 암기한다.

비슷한 방법의 그룹을 찾아낼 수 있습니다.

이 예비조사에서는 15가지 공부 방법을 확인할 수 있었는데, 이에 대해 요인 분석을 해본 결과, 크게 '반복 전략',

'이미지화 전략', '조직화 전략'의 세 가지로 나눠볼 수 있었습니다. 구체적인 학습전략의 내용은 도표 2-2와 같습니다.

앞서 설명한 학습전략에 나오지 않았던 이미지화 전략을 살펴보겠습니다. 예를 들어 '개구리, 소방차, 바나나…'라는 단어들을 듣고, 그 단어들을 기억해서 말해야 한다고 하면 어떻게 외워야 할까요? 들은 단어를 그대로 중얼중얼 반복해서 외울까요? 그보다는 '개구리가 바나나를 들고 소방차에 탄다' 같은 이미지를 떠올리며 외워보면 어떨까요? 단순히 반복해서 외우는 방법은 도표 2-2에 나와 있는 반복 전략입니다. 반면, 이미지를 활용해서 암기하는 방법은 이미지화 전략입니다. 이미지를 활용하는 이 방법은 1장에서 설명한 정교화 전략에 해당합니다. 따라서 이미지화 전략은 정교화 전략에 포함해서 설명합니다.

학습전략에 관한 연구는 사회탐구 과목을 공부할 때, 글을 읽을 때, 영어 단어를 외울 때 등 다양한 상황에서 진행되었습니다. 특히 세 가지 핵심 전략인 반복 전략, 정교화 전략, 조직화 전략은 어떤 상황에서나 흔히 사용되는 보편적인 학습전략이므로 더 자세히 살펴보겠습니다.

반복 전략

가장 먼저 다룰 내용은 반복 전략입니다. 여러 번 손으로 쓰면서 외우는 것처럼, 능동적으로 추가적인 정보처리를 하지 않는 단순한 공부법입니다.

영어 단어를 외울 때 영어 단어와 뜻을 몇 번이고 공책에 쓰면서 외우는 것이 반복 전략의 예입니다. 단어장을 이용해 앞면에는 영어 단어, 뒷면에는 뜻을 적고 수없이 팔랑팔랑 종이를 뒤집으며 공부하는 사람도 있고, 끊임없이 되뇌면서 입으로 외우려는 사람도 있습니다.

그 밖에도 한자를 외울 때 연습장에 몇 번이고 반복해 쓰거나, 빨간 반투명 시트를 이용해 교과서의 중요 단어를 가렸다가 보기를 되풀이하며 외우는 것(일본에서 흔한 암기법으로, 주로 빨간 펜으로 쓴 글자를 빨간 반투명 시트로 가리면서 공부하는 방식 – 옮긴이)도 반복 전략에 해당합니다. 수학이나 과학 문제를 풀 때 비슷한 문제를 여러 번 풀면서 문제 유형에 익숙해지는 방법도 마찬가지입니다.

학습전략과 성적의 관계를 분석해 어떤 전략이 성적 향상에 더 효과적인지 조사한 결과에 따르면, 안타깝게도 반복 전략은 성적 향상과 그다지 관련이 없었습니다.

앞서 소개한 호리노와 이치카와의 연구(1997)에서는 반복 전략, 이미지화 전략(정교화 전략), 조직화 전략의 사용 빈도와 중간고사 성적 사이에 어떤 관계가 있는지 조사했습니다. 이 연구에서 중간고사는 (1) 수업 반복 기본 시험(교과서에 실린 기본 내용에서 출제), (2) 자유 교재 기본 시험(여름방학 자유 교재에서 출제), (3) 응용 장문 시험(기존에 배우지 않은 지문에서 출제한 문제)의 세 가지로 구성되었습니다.

각 시험의 내용에 차이는 있었지만, 반복 전략의 사용과 시험 결과는 아무런 연관성이 없는 것으로 드러났습니다. 즉, 반복 전략을 아무리 많이 사용한다 해도 성적은 향상되지 않았습니다.

다른 연구에서도 비슷한 결과가 나왔습니다(우치다內田 2021). 이 연구에서는 중학교 1학년에서 고등학교 3학년 학생을 대상으로 영어 단어를 어떤 방법으로 공부하고 있는지, 또 얼마나 많은 영어 단어를 기억하고 있는지 그 관련성을 조사했습니다.

이 연구에서도 중학교 1학년부터 고등학교 3학년까지 일관되게 '반복해서 보고 쓰기' 같은 반복 전략과 기억하는 영어 단어 수는 크게 관련성이 없는 것으로 나타났습니다. 이러한 연구 결과로 볼 때, 안타깝게도 반복 전략은 영어 어휘력을 늘리는 데 크게 도움이 되지 못한다는 사실을 알 수 있습니다.

딱 잊어버릴 타이밍에 반복하기

앞서 반복 전략이 학습에 크게 도움이 되지 않는다는 연구 결과를 소개했지만, 여기서 주의해야 할 점이 있습니다. 반복 전략 자체가 문제가 있는 것은 아닙니다. 단순히 반복만 하면 된다, 공부하는 양만 늘리면 된다는 식의 발상이 문제일 뿐이지, 반복 전략에도 유용한 측면이 분명히 있습니다.

그러면 반복하는 요령에 대해 생각해 봅시다. 심리학에서는 뭔가를 기억할 때 짧은 기간에 몰아서 공부하는 것이 좋은지, 간격을 두고 공부하는 것이 좋은지에 대한 논의가 있었습니다. 전자를 집중학습, 후자를 분산학습이라고 합니다. 이에 대한 다양한 실험을 한 결과, 분산학습이 더 효과적이라는 사실이 밝혀졌습니다.

즉, 반복 학습을 할 때는 간격을 두고 공부하는 것이 기억에 더 오래 남는다는 뜻입니다. 그렇다면 어느 정도의 간격을 두고 외우고, 떠올려 보고, 다시 외우는 작업을 해야 할까요?

이제 분산학습의 간격에 관한 연구를 소개하겠습니다(미즈노水野 1998). 이 연구에서는 몇 개의 단어를 세 번 반복해서 보여주는데, 어느 정도의 간격을 두고 보여주었을 때 가장 잘 기억할 수 있는지를 실험했습니다.

첫 번째 실험에서는 같은 단어를 2회차, 3회차 보는 경우, 횟수가 늘어날수록 잊어버리는 속도가 느려지는지 알아보았습니다. 실험에 참여한 대학생 30명에게 컴퓨터로 宣言(선언), 色彩(색채), 海軍(해군) 등의 한자어 단어와 의미 없는 한자어 비단어를 각각 1.5초씩 제시하고, 제시된 말이 한자어 단어라면 YES, 비단어라면 NO 키를 최대한 빠르고 정확하게 누르도록 지시했습니다.

이때 같은 단어가 세 번 나오도록 하는데, 그 단어가 2회차나 3회차 등장할 때까지의 간격을 변화시켜서 어느 정도의 간격을 두면(중간에 다른 단어나 비단어 자극이 몇 회인지) 반응 시간이 얼마나 길어지는지를 살펴보았습니다. 어떤 단어를 본 것을 기억하고 있다면, 다시 그 단어가 나올 때 바로 단어인지 비단어인지 판단할 수 있어야 합니다. 이 실험에서 반응 시간이 길어진다는 것은 '다른 자극을 판단하는 사이에 그 단어를 봤던 기억을 잊어버려서 시간이 걸렸다'는 사실을 의미합니다.

실험 결과, 1회차와 2회차 사이에는 다른 자극 5개, 2회차와 3회차 사이에는 다른 자극 8개가 주어졌을 때 반응 시간이 가장 느리게 나타났습니다. 바꿔 말하면, 1회차와 2회차 사이의 잊어버리는 속도보다 2회차와 3회차 사이의 잊어버리는 속도가 더 느리다는 뜻입니다. 여러 번 보면 점점 더 기억에 오래 남고 잊히는 속도도 느려진다는 이 연구의 결과는 직관적으로 충분히 이해할 수 있습니다.

본론은 이제부터입니다. 두 번째 실험은 같은 단어를 2회차와 3회차 암기할 경우, 어느 정도의 간격을 두면 가장 기억에 잘 남는지 알아보는 것입니다.

실험에 참여한 대학생 42명에게 컴퓨터로 傳統(전통), 對策(대책), 親舊(친구) 등의 한자어 단어를 1.5초씩 제시하고, 제시된 단어를 최대한 많이 외우도록 했습니다. 이때 같은 단어가 세 번 나오게 장치하고, 단어가 2회차, 3회차 나올 때까지의 간격에 변화를 주었습니다.

실험 결과, 어떤 단어가 1회차 나온 후 2회차 나오기까지 다른 단어 5개 정도의 간격이 있을 때, 2회차 나온 후 3회차 나오기까지 다른 단어 8개 정도의 간격이 있을 때 그 단어를 가장 잘 기억한다는 사실을 알 수 있었습니다. 이런 결과가 나온 이유는 첫 번째 실험에서도 보았듯이 그 간격이 '딱 잊어버릴 타이밍'이기 때문입니다. 한 번에 몰아서 여러 번 외우기보다 잊어버리기 직전에 다시 공부하는 것이 기억을 되살리는 데 더 효과적이라는 뜻입니다. 이를 '재활성화'라고 합니다.

앞서 제시한 두 실험 결과는 (1) 학습 횟수가 많을수록 잊어버리는 속도가 느려지고, (2) 딱 잊어버릴 타이밍에 다시 공부하면 기억에 더 오래 남는다는 것을 의미합니다. 심리학계에서는 오래전부터 집중학습보다 분산학습이 더 효과적이라고 주장해 왔는데, 이 연구 결과 '분산학습을 하려면 딱 잊어버릴 타이밍에 다시 공부하는 것이 효과적이다'라는 좀 더 구체적인 방법을 알게 되었습니다.

이제 실험을 통해 알게 된 사실을 바탕으로 반복 학습에서 유의할 점을 살펴봅시다.

예를 들어 영어 단어를 외울 때, 외우고 싶은 단어 목록을 살펴보면서 자신이 이미 외운 단어들을 확인하고 아직 암기하지 못한 단어에 표시합니다. 이 시점에서 이미 한 번 '떠올려 보기', '다시 암기하기' 같은 1차 학습을 수행하는 것이므로, 이후에는 앞 실험처럼 '딱 잊어버릴 타이밍'에 2차 학습, 3차 학습을 진행하면 됩니다.

중요한 점은 단어 목록 전체를 무턱대고 몇 번이고 반복해서 외울 필요가 없다는 것입니다. 이미 알고 있는 단어에 시간을 투자하는 것은 효율적이지 않습니다. 반대로 외우기 힘든 단어, 자꾸 잊어버리는 단어는 여러 번 반복해서 외울 필요가 있습니다. 하지만 외우기 힘든 단어를 무작정 반복할 것이 아니라 반복하는 간격을 적절히 조절해야 합니다.

앞서 설명했듯, 지금까지 학습전략에 관한 연구에서는 반복 전략과 성적 사이의 연관성을 발견하지 못했습니다. 이는 지금까지의 연구가 '아무 생각 없이 무작정 되풀이하는' 반복 전략만을 대상으로 삼았기 때문이며, '반복 간격 등 그 방법에 대한 고민과 탐구가 이루어진' 반복 전략에 대해서는 아직 확실한 연구 결과가 나오지 않았습니다.

공부는 방법도 중요하지만, 학습량도 중요하다는 사실은

의심의 여지가 없습니다. 당연히 안 하는 것보다 하는 것이 좋고, 나아가 어떻게 하면 더 효율적으로 공부할 수 있는지 연구해야 합니다. 즉, 양보다 질이 중요하다기보다 '양뿐만 아니라 질도 중요하다'는 인식이 반복 전략의 핵심이라고 할 수 있습니다.

자신의 지식과 연결하는 정교화 전략

물론 반복 전략도 사용하는 방법에 따라 의미 있는 전략이 될 수도 있지만, 눈앞에 있는 정보를 있는 그대로 받아들이는 데서 그치는 한계가 있습니다. 이와 달리 눈앞의 정보를 한 단계 더 공을 들여 처리하는 방법이 정교화 전략과 조직화 전략입니다.

1장에서 자기 나름대로 알기 쉽게 설명하거나 의식적으로 자기가 알고 있는 지식과 연결하는 작업이 '정교화'라고 설명했습니다. 정교화 전략은 바로 이러한 작업을 적극적으로 수행하는 공부 방법을 말합니다. 이제부터는 정교화 전략을 자세히 살펴보겠습니다.

이미지를 활용하면 기억하기 쉽다

정교화 전략에는 몇 가지 종류가 있습니다. 도표 2-2의 실험에서 소개한 것처럼 이미지를 잘 활용하는 방법도 정교화 전략의 하나입니다.

이미지 활용의 장점은 정보를 압축할 수 있다는 것입니다. 앞서 예로 든 '개구리, 소방차, 바나나…'처럼 아무 상관

도표 2-3 이미지를 활용한 영어 공부의 예
(출처 : 사교육 정보 웹사이트 데라코야프라스)

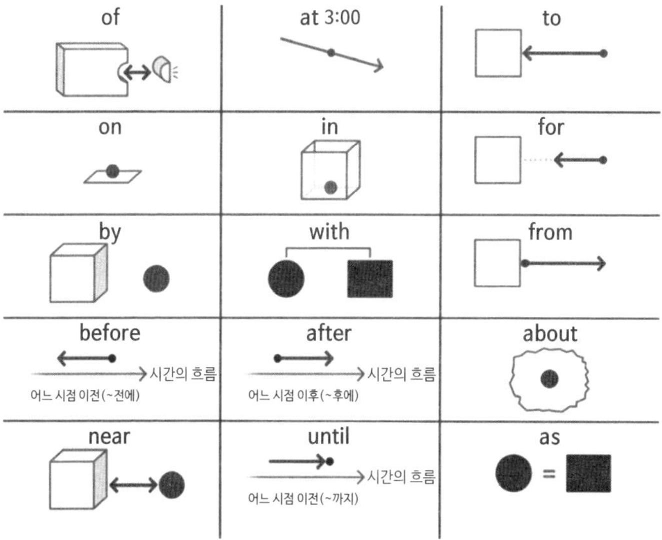

없는 여러 단어를 들었을 때 그대로 머릿속에 담기는 어렵지만, 개구리가 바나나를 들고 소방차에 타는 이미지를 떠올리면 단번에 기억할 수 있습니다.

이미지로 기억하는 학습법은 영어 전치사 공부에도 자주 쓰이는 방법입니다. on은 어떤 상태이고 off는 어떤 상태인지, on과 off의 이미지를 각각 그림으로 표현하고, to는 어딘가를 향해 가는 모습, for는 누군가를 위해 생각하는 모습을 이미지화해 두면 기억에 훨씬 더 오래 남을 수 있습니다(도표 2-3).

의미를 부여하면 기억하기 쉽다

인간의 정보처리 구조상, 무언가를 기억하려 할 때 의미도 모른 채 기억하기란 굉장히 어렵습니다. 그렇다면 억지로라도 자기가 알고 있는 지식과 연결 지어 의미를 부여해 보면 어떨까요? 이러한 노력의 대표적인 예가 바로 말장난입니다.

특히 역사에서 연도를 외울 때 말장난이 많이 쓰입니다.

일본에서 헤이안쿄(지금의 교토)로 수도를 옮긴 해는 794년인데, 이를 '鳴くよウグイス平安京(울어라, 꾀꼬리 헤이안쿄)'로 기억하거나('울어라'의 일본어 '나쿠요'는 794의 발음과 비슷하다.-옮긴이), 오닌의 난이 일어난 1467년은 '一夜むなしく応仁の乱(하룻밤 허무하게 오닌의 난)'으로 암기하기도 합니다('하룻밤 허무'까지의 일본어 '히토요무나'는 1467의 발음을 연상시킨다.-옮긴이). 794, 1467이라는 숫자에는 아무런 의미가 없습니다. 역사적 사건이 일어난 연도를 외우기 위해 숫자에 인위적으로 의미를 부여하며 암기하는 방법입니다(우리나라에는 '1170년 무신정변 : 일(1) 났네, 일(1) 났어, 일을 치(7)고야 마는구나![출처 :『최태성의 만화 한국사』]' 같은 사례가 있다.-옮긴이).

말장난처럼 원래 의미가 없는 말에 의미를 부여해서 암기하는 방법도 좋지만, 이유와 논리가 있다면 반드시 그것부터 제대로 이해하고 외워야 합니다. 얼핏 보기에는 평범한 방법 같지만, 어떤 과목, 어떤 단원에서도 사용할 수 있는 매우 활용도 높고 효과적인 학습법입니다.

의미를 알면 기억하기 쉽다는 사실을 증명한 유명한 실험을 소개합니다(브랜스포드Bransford, 스타인Stein 1984).

이 실험에서는 ‘졸린 남자가 주전자를 들고 있었다’, ‘뚱뚱한 남자가 자물쇠를 샀다’ 같은 짧은 문장들을 실험 참가자들에게 여러 번 보여주고 기억하게 했습니다. 각 문장의 길이는 짧지만, 내용이 다른 문장을 여러 개 보여주면 누가 무엇을 했는지 헷갈려서 기억이 잘 나지 않을 것입니다. 그래서 앞의 짧은 문장들을 보여줬을 때와 ‘졸린 남자가 커피를 끓이려고 주전자를 들고 있었다’, ‘뚱뚱한 남자가 냉장고 문을 걸어 잠그려고 자물쇠를 샀다’ 같은 긴 문장을 보여줬을 때, 기억에 어떤 차이가 나는지 조사했습니다(도표 2-4).

기억력 테스트를 한 결과, 긴 문장을 보여줬을 때 더 잘 기억한다는 사실이 밝혀졌습니다. 단순하게 생각하면 이 결과는 이상합니다. 긴 문장일수록 정보량이 많으니까 기억하기 어렵지 않을까요? 하지만 실제로 짧은 문장과 긴 문장을 비교해 보면 긴 문장이 더 기억하기 쉽습니다.

대학원 시절 저는 소속 연구실에서 초등학생, 중학생, 고등학생을 대상으로 심리학에 기반한 효과적인 공부법을 가르치는 ‘학습법 강좌’를 진행했습니다. 그때 교실 양쪽으로 학생들을 나누고 이 실험을 변형해서 시도해 본 적이 있습니다.

짧은 문장
(1) 졸린 남자가 주전자를 들고 있었다.
(2) 뚱뚱한 남자가 자물쇠를 샀다.

긴 문장
(1) 졸린 남자가 커피를 끓이려고 주전자를 들고 있었다.
(2) 뚱뚱한 남자가 냉장고 문을 걸어 잠그려고 자물쇠를 샀다.

교실 왼쪽의 학생들에게는 짧은 문장 목록을, 오른쪽의 학생들에게는 긴 문장 목록을 나눠주며 내용을 외우게 했습니다. 나중에 시험을 치르고 좌우 학생의 성적을 비교해보니, 긴 문장 목록을 받은 오른쪽 학생들이 더 좋은 성적을 받았습니다.

정보가 많을수록 기억하기 어렵다고 생각하기 쉽지만, 이 실험에서 우리는 긴 문장이 더 '기억하기 쉽다'는 느낌을 받습니다. 이 실험에서 긴 문장이 더 기억하기 쉬운 이유는 거기에 '이유'가 붙어 있기 때문입니다.

우리는 이미 '커피는 졸음을 깨우는 데 도움이 된다', '커피를 끓이려면 주전자가 필요하다'라는 지식을 머릿속에 가지고 있습니다. '졸린 남자가 주전자를 들고 있었다'라는 말을 들었을 때는 '졸린 남자'와 '주전자'의 관계를 알 수 없으므로 이해하지 못한 채 그저 통째로 외울 수밖에 없습니다. 하지만 '커피를 마시기 위해서'라는 이유가 붙으면 '커피는 졸음을 깨우는 데 도움이 된다', '커피를 끓이려면 주전자가 필요하다'라는 지식과 연결되면서 '졸린 남자'가 왜 '주전자'를 들고 있는지 쉽게 이해합니다.

'뚱뚱한 남자'와 '자물쇠'도 짧은 문장으로는 서로 연결되지 않아 기억하기 어렵습니다. 하지만 '뚱뚱한 남자는 식탐이 많을 것이다', '냉장고 안의 음식에 손대지 않으려면 자물쇠가 필요하다'라는 지식과 이미지가 이미 머릿속에 있으니, '냉장고 문을 걸어 잠그기 위한'이라는 정보가 추가되는 것만으로 '뚱뚱한 남자'와 '자물쇠'가 자신이 가지고 있는 지식과 연결되면서 그 연관성을 쉽게 유추합니다.

이처럼 의미를 알 수 없는 정보에 '이유'를 덧붙여 의미를 알 수 있게 하는 방법이 '정교화'입니다. 이 실험은 정교화의 효과를 확실히 증명했습니다.

다양한 교과에서 활용하는 정교화 전략

그렇다면 학습하는 내용에 의미를 부여해 기억하는 정교화 전략은 평소 공부할 때 어떻게 활용할 수 있을까요? 앞서 제시한 브랜스포드와 스타인의 실험에서 덧붙여진 정보는 '이유'였습니다. 이를 실마리로 삼는다면, 평소 공부할 때도 학습한 내용을 그대로 암기하지 말고 '왜 그렇게 되는가?' 이유를 생각해 보면 좋을 것입니다.

영어 단어 공부를 예로 들어봅시다. import라는 단어는 '수입하다'라는 뜻입니다. 반복 전략을 사용한다면, 'import : 수입하다'라는 식으로 영어 단어와 뜻을 여러 번 반복해서 씁니다. 정교화 전략을 사용하면, 먼저 import를 '안으로'라는 뜻의 접두사 'in(im)'과 '항구'라는 뜻의 단어 'port'로 분해합니다. 그리고 '항구로 물건을 들여오기 때문에 수입이라고 하는구나'라고 이해하면서 기억합니다. 이렇게 하면 왜 이 단어가 '수입하다'라는 뜻인지 자기가 이미 알고 있던 지식인 in과 port를 활용하여 완벽히 이해할 수 있습니다.

이런 영어 단어 공부법을 '구성요소법'이라고 합니다(이치카와 2007). 이는 영어 단어를 구성요소 단위로 분해하여 '왜'를 이해하고 기억하는 방법입니다.

이 방법의 뛰어난 점은 다양한 단어에 응용 가능하다는 것입니다. 이를테면 export는 '수출하다'라는 뜻인데, 여기서 'ex'는 '나가다'라는 뜻의 접두사입니다. 앞서 설명했듯이 port는 '항구'라는 뜻이므로 '항구 밖으로 물건을 내보내는 것은 수출'이라는 단어 구성의 이유(왜)를 쉽게 이해할 수 있습니다. 또 transport는 '수송하다'라는 뜻인데, trans는 '바꾸다'라는 뜻의 접두사이므로 transport라는 단어는 '항구에서 항구로 바꾸다', 즉 '수송하다'로 이해할 수 있습니다.

이 방법은 영어 단어뿐만 아니라 한자에도 응용할 수 있습니다. 한자의 왼쪽에 있는 변(邊)과 오른쪽에 있는 방(傍) 등의 부수를 이용해, '손과 관련이 있으니 제방 변(扌)이 붙어 있구나', '식물과 관련이 있어서 위에 초두머리(艹)가 붙어 있구나' 등 자기 나름대로 의미를 알기 쉽게 풀이해서 외우는 방법이 바로 정교화 전략입니다.

그 밖에도 한자 親(친할 친, 혈연관계를 나타내는 접두사로 쓰임)은 부모가 나무(木) 위에 서서(立) 자식을 지켜보고(見)

영어 단어 공부

import = 수입하다
← 항구(port) 안(in)으로 들여오기 때문
export = 수출하다
← 항구(port) 밖으로 나가기(ex) 때문
transport = 수송하다
← 항구(port)에서 항구로 장소를 바꾸기(trans) 때문

한자 공부

親 ← 나무 위에 서서 아이를 지켜보기 때문
吠 ← 개가 입을 벌리고 소리를 내기 때문
鳴 ← 새가 입을 벌리고 소리를 내기 때문

있어서 이렇게 표기한다고 이해한다면 역시 정교화 전략을 사용하고 있는 것입니다. 개(犬)가 입(口)을 벌리고 소리를 내면 吠(짖을 폐), 새(鳥)가 입(口)을 벌리고 소리를 내면 鳴(울 명)이 됩니다. 이처럼 '이 한자는 왜 이렇게 쓰는가'를 먼저 파악하면 훨씬 기억하기 쉽습니다(도표 2-5).

지금까지 영어나 한자의 단어나 글자 공부에서 쓰이는 정교화 전략에 관해 설명했습니다. 다음으로 머릿속에 넣

어야 할 내용이 좀 더 많을 때는 어떤 공부법이 좋은지 살펴보겠습니다.

역사 공부에서 '이 사람은 왜 이런 사건을 일으켰을까?', '왜 이 나라는 이런 일을 벌였을까?'를 짚어보는 것도 정교화 전략입니다.

교과서에 '이 해에 이런 사건이 일어났다', '이 나라에서 이런 일이 벌어졌다'와 같은 역사적 사실 외에 사건의 배경이나 인과관계에 대한 설명은 자세히 나와 있지 않은 경우가 많습니다. 만약 이 모든 내용을 기술한다면 역사 교과서는 엄청나게 두꺼워질 것입니다. 그래서 수업에서 선생님이 사건의 배경과 인과관계 등 역사의 '왜'에 대해 깊이 있게 알려줍니다. 그리고 시험을 잘 보려면 수업 시간에 들은 '왜'를 잘 파악해야 합니다.

예를 들어, 일본 아스카 시대와 나라 시대에는 다이카 개신(大化の改新. 645년 중국 유학생과 유학승의 지원을 받은 궁중 세력이 정변을 일으켜 정치 개혁을 단행한 사건 - 옮긴이), 삼세일신법(三世一身法. 723년 제정. 새로 도랑이나 연못을 만들어 땅을 경작지로 개간한 사람은 삼대에 이르기까지 그 땅을 소유할 수 있게 한 법 - 옮긴이), 간전영년사재법(墾田永年私財法. 삼세일신법

폐지 후 743년에 제정되었으며, 새로 개간한 땅을 영원히 소유할 수 있게 한 법 – 옮긴이), 장원의 확대(莊園の拡大. 토지의 사유화가 진행되면서 귀족이나 사찰의 사유지인 장원이 점점 늘어나 사회 문제가 되었다. – 옮긴이)와 같은 일들이 일어났는데, 연도만 보고 그 순서를 외우기는 쉽지 않습니다. 이럴 때는 '왜'를 짚어가면서 사건들 사이의 인과관계를 파악하면 더 효과적으로 공부할 수 있습니다.

'다이카 개신' 때 구분전(口分田. 백성들에게 일정 비율로 나누어주는 땅 – 옮긴이)을 백성들에게 나눠주었습니다. 백성들이 땅을 경작하여 농작물을 재배하면 그 일부를 세금으로 국가에 내게 하려는 의도였습니다. 그런데 이 제도로는 백성들이 세금에 부담을 느껴서 새로운 토지를 개간할 의욕이 생기지 않았습니다. 그러니 점점 경작지가 부족해졌습니다.

그래서 통치자는 새로 땅을 개간한 사람에게 상을 주면 좋겠다고 생각했고, 직접 땅을 개간하면 부모, 자식, 손자의 3대 동안 소유할 수 있게 한 '삼세일신법'을 제정한 것입니다. 하지만 어차피 소유 기간은 고작 3대뿐이고 결국 국가에 몰수되는 것이니 기대한 만큼 큰 동기부여는 되지 않았습니다.

도표 2-6 **의미를 부여하면서 역사 공부를 하는 예**

645년 다이카 개신
→ 모든 토지는 국가 소유. 구분전을 나눠주고 세금을 걷는다.
＊논이 부족해짐

723년 삼세일신법
→ 직접 개간하면 3대에 걸쳐 소유할 수 있다.
＊별로 효과 없음

743년 간전영년사재법
→ 직접 개간하면 영구히 소유할 수 있다.
＊귀족이나 사찰의 장원 증가

그래서 다음 단계로 진행된 것이 '간전영년사재법'입니다. 이는 논을 직접 개간하면 영구히 자기 소유로 할 수 있게 한 법입니다. 이 법으로 백성들이 땅을 새롭게 개척하게 만드는 데 성공했던 것입니다. 하지만 이런 법이 만들어지면서 다른 사람들에게 일을 시켜 사유지를 늘리는 사람들이 나오게 됩니다. 이렇게 만들어진 사유지가 바로 '장원'입니다. 즉, 간전영년사재법을 제정함으로써 결국 '장원이 확대'된 것입니다(도표 2-6).

이렇듯 '왜 구분전을 나눠주었는가?', '왜 삼세일신법을 제정했는가?', '왜 간전영년사재법으로 개정되었는가?'를 파악하면 사건의 순서를 기억하는 일은 그리 어렵지 않습니다. 역사는 이야기이므로 그 연결고리를 이해해야 한다고들 말하지만, 연결고리를 이해한다는 것이 어떤 의미인지, 구체적으로 어떻게 해야 하는지를 모르면 평소 공부에 활용할 수 없습니다. 핵심은 '왜'를 파악하는 것입니다. '왜'를 파악하면 알고 있는 지식과 연결고리를 만들 수 있고, 기억에 더 오래 남을 수 있습니다.

이 방법은 자연계 과목에도 적용할 수 있습니다.

수학이나 과학을 공부할 때도 정교화 전략을 사용하여 '왜 이 방법으로 풀면 답이 나오는지', '왜 이 공식이 성립하는지' 나름대로 설명하면서 공부하면 효과적입니다.

예를 들어 이차방정식 근의 공식을 달달 외우는 것이 아니라 원리를 이해하고 스스로 구해볼 수 있습니다. 삼각함수의 3배각 공식도 마찬가지입니다. 배각 공식을 이해하고 있으면 3배각 공식도 쉽게 구할 수 있습니다. '왜 이 공식이 성립하는지' 파악하면 애써 외울 필요가 없습니다.

의미를 찾아내거나 의미를 부여하는 것이 정교화 전략의

특징입니다. 예를 들어 일차함수 그래프 $y=ax+b$를 생각해 봅시다. 그래프를 보면서 곰곰이 생각해 보면 'a는 기울기를 나타낸다', 'a가 양수면 x의 값이 커질수록 y의 값도 커지기 때문에 그래프는 오른쪽으로 올라가고, 음수면 그 반대니까 오른쪽으로 내려간다', 'x의 값이 0일 때 y의 값은 반드시 b가 되기 때문에 y축과 직선이 교차하는 좌표는 (0, b)가 된다' 등의 원리를 파악할 수 있습니다.

이처럼 단순히 외우려고만 하지 말고 이유를 짚어가며 그 공식이나 그래프의 원리를 파악한다면 이해도가 훨씬 높아질 것입니다.

수학을 어려워하는 사람 중에는 공식을 달달 외우거나 모범 답안을 통째로 암기하려고 애쓰는 사람들이 있습니다. 이렇게 의미도 모른 채 머릿속에 집어넣기만 한다면 똑같은 형식에 숫자만 바꾼 문제는 풀 수 있겠지만, 살짝 변형시킨 문제는 풀지 못합니다.

공식이든 그래프든 '왜 그렇게 되는지'를 알아두면 얼마든지 활용할 수 있는 지식이 됩니다. 그러기 위해서는 배운 내용을 의식적으로 자기 말로 간단히 바꿔보거나, 수업을 들을 때 자신만의 표현으로 기록해 두는 것이 좋습니다. 이러한 작업도 선생님이 가르쳐준 정보를 자기 나름대로 다시 편집한다는 점에서 정교화 전략이라고 할 수 있습니다. 자신의 지식을 활용하면서 스스로 의미를 부여하고 '왜'를 이해하면서, 배운 내용을 알기 쉽게 풀어내려는 노력이 꼭 필요합니다.

정교화 전략과 성적의 상관관계

지금까지 정교화 전략의 구체적인 방법을 설명했습니다. 그렇다면 실제로 이 방법은 성적과 어떤 관계가 있을까요?

이제부터 정교화 전략과 성적의 상관관계를 보여주는 연구를 소개하고자 합니다(아카마쓰赤松 2017). 이 연구는 고등학생 1학년부터 3학년까지 723명을 대상으로 설문조사를 한 결과이며, 영어 공부에 관한 생각과 전략, 그리고 실제 영어 성적을 조사했습니다.

영어 공부 전략에 관해서는 앞서 소개한 호리노와 이치카와의 연구(1997)에서 쓰인 질문 항목을 이용해, 반복 전략(번역과 영작을 반복하기 등), 이미지화 전략(단어를 보면서 알

파벳 배열의 시각적 특징을 이용하기 등), 조직화 전략(같은 상황에서 사용할 수 있는 연관성 있는 단어를 묶어서 외우기 등)을 각각 얼마나 사용하는지, 1단계 '거의 사용하지 않는다'부터 7단계 '매우 자주 사용한다'까지 7단계로 나누어 답하게 했습니다.

또 '소리를 내면서 발음과 함께 외우기' 등 음성 기억 전략에 대해서도 7단계로 나눠서 얼마나 사용하는지 조사했습니다. 학교 성적은 학년별로 영어 과목 최근 성적을 1단계(0~10점)부터 10단계(91~100점)까지 10단계로 나누어 응답하도록 했습니다.

이렇게 얻은 데이터를 바탕으로 각 학습전략과 영어 성적의 연관성을 분석한 결과, 이미지화 전략(정교화 전략)이 영어 성적과 통계적으로 유의미한 연관성이 있는 것으로 나타났습니다. 또 음성 기억 전략도 성적과 유의미한 연관관계가 있었습니다. 즉, 이미지화 전략과 음성 기억 전략을 사용하는 학생일수록 성적이 높다는 사실을 알 수 있었습니다.

한편, 이 연구에서는 반복 전략이나 조직화 전략은 성적과 연관성이 없다는 결과가 나왔습니다. 반복 전략이나 조직화 전략을 사용할수록 성적이 좋아진다는 경향은 나타나지 않았습니다. 앞서 소개한 호리노와 이치카와의 연구 (1997)에서는 조직화 전략과 성적 사이의 연관성이 밝혀졌으나 이미지화 전략(정교화 전략)과는 연관성을 찾아볼 수 없었는데, 이러한 부분은 다루는 데이터에 따라 변동한다고 볼 수도 있겠지만, 반복 전략이 성적과 관련이 없다는 결과는 두 연구에서 일관되게 나타났습니다. 어쨌든 아카마쓰의 연구 결과(2017), 영어 공부에서는 이미지와 발음을 중시하는 공부법이 효과적이라는 사실을 알 수 있습니다.

심리학 연구에서는 정교화 전략처럼 자기만의 스타일로 한 번 더 처리한 방식을 '깊은 처리 전략(deep processing strategy)'이라고 부릅니다. 반대로 단순히 반복만 하는 방식을 '얕은 처리 전략(shallow processing strategy)'이라고 합니다.

이제 깊은 처리 전략이 효과적이라고 보고한 논문을 소개합니다(엘리엇Elliot, 맥그리거McGregor, 게이블Gable 1999). 이 연구에서는 심리학을 수강하는 대학생 179명을 대상으로 기말고사에 대비해 어떻게 공부했는지 등을 묻고, 공부에 사용한 학습전략과 실제 기말고사 성적과의 관계를 분석했습니다. 학습전략은 깊은 처리 전략과 얕은 처리 전략으로 구분해 질문했습니다.

깊은 처리 전략은 '수업에서 다룬 내용에 대해 그것이 성립하는 근거를 생각해 보려고 했다', '수업에서 배운 내용을 실마리로 삼아 나만의 생각을 발전시키려 했다' 등 '왜'를 파악하거나 자기 나름의 생각을 한다는 점에서 정교화 전략이라고 할 수 있습니다. 반면, 얕은 처리 전략은 '최대한 많이 외우려고 했다', '교과서나 수업 필기 내용 중 중요한 정보를 위주로 공부했다', '교과서나 필기 내용을 반복해서 읽고 외우려고 했다' 등 어떻게든 정보를 머릿속에 집어넣으려는 표면적인 공부입니다.

지금까지의 논의와 마찬가지로 이 논문의 분석 결과에서도 깊은 처리 전략을 사용하는 학생일수록 성적이 높았습니다. 그에 비해 얕은 처리 전략과 성적과의 연관성은 찾을 수 없었습니다.

정리해서 공부하는 조직화 전략

지금까지 반복 전략, 정교화 전략에 관해 설명했습니다. 마지막으로 조직화 전략을 설명합니다.

이미 말씀드린 바와 같이 '조직화'는 정보를 정리하는 작업입니다. 따라서 '조직화 전략'이란 이러한 작업을 의식적으로 수행하며 정보를 나름대로 분류하거나 정리하는 공부법을 말합니다.

먼저 영어 단어나 숙어를 공부하는 경우를 생각해 봅시다. 이때 몇 개의 영어 단어를 그룹으로 묶어 암기하는 것이 바로 조직화 전략입니다. 그룹을 만드는 방법은 여러 가지가 있습니다. 같은 뜻을 가진 단어(동의어)들로 묶을 수도 있고, 서로 반대되는 뜻을 가진 단어(반의어)로 짝을 지을 수도 있습니다. 일단 동의어로 그룹을 만들어 두면 그 반대 의미를 가진 단어 그룹과 세트로 묶어 더 큰 그룹을 만들 수 있습니다.

이를테면, '출발하다'라는 뜻을 가진 단어와 숙어를 한 그룹으로 묶습니다. 그런 다음 그 반대 의미인 '도착하다'와 관련된 단어나 숙어도 그룹으로 묶습니다. 그리고 '출발하다'라는 뜻의 그룹과 '도착하다'라는 뜻의 그룹을 묶어서 여러 단어와 숙어를 한꺼번에 외울 수 있습니다.

접두사(in-, dis- 등)나 접미사(-tion, -cian 등)를 기준으로

분류할 수도 있습니다. 공통된 부분이 포함된 단어끼리 하나로 묶는 방법입니다.

앞서 정교화 전략을 설명할 때도 접두사를 활용한 영어단어 공부법을 소개했는데, 이 경우 정교화 전략과 조직화 전략을 어떻게 구별할까요?

정교화 전략은 '자신의 머릿속에 이미 있는 지식을 활용하여 처리하는' 방법입니다.

예를 들어, inability(무능력), independent(독립적인), incredible(믿을 수 없는)을 '앞에 in이 붙은 단어'로 묶어서 암기하는 경우를 생각해 봅시다. 또 in이라는 접두사가 '부정'의 의미가 있다는 지식을 미리 알고 있었다고 가정합니다. 그 지식을 바탕으로 ability(능력)를 부정하는 단어는 '무능'이라는 뜻이 되고, dependent(의존하는)를 부정하는 단어는 '의존하지 않는', 즉 '독립적인'이라는 뜻이 된다는 것을 파악하면서 in이 앞에 붙는 단어로 그룹을 만들었다고 한다면, 이는 정교화 전략과 조직화 전략을 함께 사용하고 있는 것입니다.

credit은 신용이라는 뜻입니다. 따라서 credit card는 '나중에 돈을 잘 갚을 수 있다는 신용을 근거로 쇼핑하게 해주는’ 카드가 됩니다. 여기에 in이 붙으면 ‘신용할 수 없는’, ‘믿을 수 없는’이라는 뜻이 됩니다. 이런 식으로 incredible 의 뜻을 외운다면 조직화 전략과 함께 정교화 전략도 사용 하고 있는 것입니다.

그러나 ‘앞에 in이 있는 단어’라는 외형적 공통점만으로 이 단어들을 한 그룹으로 묶는다면 이는 의미를 생각하지 않고 정리한 것이므로 조직화 전략만을 사용하고 있다는 뜻입니다.

영어 공부에는 파생어를 이용하는 방법도 있습니다. 하 나의 단어를 외우면 이를 바탕으로 명사형, 동사형, 형용사 형, 부사형을 함께 외우는 것입니다. 영어 단어가 나올 때 마다 새로운 단어로 인식한다면 암기하기 너무 힘듭니다. 하나의 단어에 대해 그 관련어를 함께 묶어 학습함으로써 효율성을 높이자는 것이 조직화 전략의 핵심입니다.

이 밖에도 상황에 따라 그룹을 만드는 방법도 있습니다. 이를테면, ‘쇼핑에서 사용하는 영어 단어’로 price(가격), wallet(지갑), expensive(비싼), cheap(싼), cost(비용이 들다) 등을 그룹으로 묶거나, ‘식탁 관련 단어’로 chopsticks(젓가 락), plate(접시), pot(냄비), soy sauce(간장), salt(소금) 등을

도표 2-7 **영어 단어, 숙어 공부에서 조직화 전략의 예**

[유의어와 반의어로 묶기]
출발하다
leave, departure, head out, be off to, …
도착하다
get, reach, arrive at, …

[접두사로 묶기]
inability(무능)
incredible(믿을 수 없는)
independent(독립적인)

[접미사로 묶기]
combination(조합)
promotion(촉진)
partition(경계)

[파생어로 묶기]
respect(명 존경, 동 존경하다)
respectable(형 존경할 만한)
respectful(형 공손한)
respectfully(부 공손히)

[상황(쇼핑)으로 묶기]
price(가격), wallet(지갑), expensive(비싼), cheap(싼),
cost(비용이 들다)

그룹으로 묶어두면, 따로따로 외우는 것보다 훨씬 효율적입니다(도표 2-7).

다양한 교과에서의 조직화 전략

조직화 전략이 다른 과목에서 쓰이는 예도 살펴봅시다.

한자 공부를 할 때 몸에 관련된 한자 '脚(다리 각)', '胸(가슴 흉)', '肺(허파 폐)', '臟(오장 장)', '肝(간 간)' 등을 그룹으로 묶거나, 손에 관련된 한자 '握(쥘 악)', '投(던질 투)', '採(캘 채)', '打(칠 타)'를 함께 묶어서 외울 수도 있습니다. 속담을 외울 때도 조직화 전략을 이용해 동물이 등장하는 속담(우리나라 속담으로는 '까마귀 날자 배 떨어진다, 고양이 목에 방울 달기, 돼지 목에 진주 목걸이, 쇠귀에 경 읽기' 등 - 옮긴이)을 그룹으로 묶어서 암기할 수도 있습니다.

역사 공부할 때 다양한 사건을 직접 연대표로 만들어 정리하는 작업도, 각 시대의 문화를 회화, 조각, 건축, 문학작품 등 분야별로 정리하는 작업도 모두 조직화 전략입니다. 뭔가 공통점을 찾아 그룹을 만드는 것입니다.

표로 정리할 때는 서로 대조할 수 있는 것들, 비슷하지만 조금 다른 것들을 그룹으로 묶으면 헷갈리는 정보도 깔끔하게 정리할 수 있습니다.

예를 들어, 2장의 첫머리에서 학생 B가 과학 공부를 할 때 속씨식물과 겉씨식물을 구분해서 표로 만든다고 말했는데, 각각의 식물을 공부할 때 매번 속씨식물인지 겉씨식물인지 구분해서 외우기보다는 처음부터 분류해서 한꺼번에 외우면 효율적으로 공부할 수 있습니다.

역사 속 사건이나 인물에도 혼란스러울 수 있는 정보들이 많이 있습니다. 이럴 때는 표로 정리해 두면 기억을 떠올릴 때 도움이 됩니다. 가령, 에도시대 3대 개혁(교호 개혁, 간세이 개혁, 덴포 개혁)의 중심 인물과 구체적인 내용을 표로 정리해 두면 효율적으로 공부할 수 있습니다.

저는 대학 입시를 준비하며 진시황과 한무제를 비교하는 표를 만든 적이 있습니다. 이 두 사람은 대외정책과 국내 경제 정책에서 비슷한 업적을 남겼습니다. 그래서 표로 만들어서 두 사람이 한 일을 잘 정리해 놓았더니 세월이 한참 지난 지금까지도 그 내용을 기억하고 있습니다. 다른 과목을 공부할 때도 헷갈리거나 복잡하다는 생각이 들면, 의

도표 2-8 한자 공부와 역사 공부에서 조직화 전략을 사용한 예

[한자 공부]

육달월변(몸에 관련된 한자) 脚, 胸, 肺, 臟, 肝

재방변(손에 관련된 한자) 握, 投, 採, 打

[속담이나 관용구 공부]

동물 관련 : 까마귀 날자 배 떨어진다, 고양이 목에 방울 달기, 돼지 목에 진주 목걸이, 쇠귀에 경 읽기

신체 부위 관련 : 코에서 단내가 난다, 손을 내밀다, 귀가 따갑다, 발을 빼다

(＊같은 맥락의 우리나라 속담, 관용구로 바꿈 - 옮긴이)

[에도시대 3대 개혁]

	교호 개혁	간세이 개혁	덴포 개혁
인물	도쿠가와 요시무네	마쓰다이라 사다노부	미즈노 다다쿠니
정책	쌀 공납 상공업자 동업조합 인정 투서함(민원함) 설치	비축미 귀농령 주자학 이외의 학문 금지	상지령 (토지 이전 명령) 상공업자 동업조합 해체

[진시황과 한무제]

	진시황	한무제
대외 정책	만리장성	흉노 정복
국내 정책	군현제 도량형 통일	전매제 균수법
화폐	반량전	오수전

식적으로 표를 만들어 정리하곤 했습니다. 당시에는 심리학에 대한 지식이 없었지만, 돌이켜 보니 조직화 전략을 잘 사용했던 것 같습니다(도표 2-8).

1장에서 조직화의 효과를 보여주는 유명한 기억 실험(바우어 등 1969)을 소개했습니다. 이 실험은 다이아몬드, 구리, 철 등 다양한 '광물'의 이름을 뒤죽박죽 섞인 목록으로 암기하게 한 그룹과 깔끔하게 정리된 표로 암기하게 한 그룹으로 나누고, 얼마나 잘 기억할 수 있는지를 비교한 실험입니다. 그 결과, 정리된 표로 암기한 사람들이 더 잘 기억하는 것을 알 수 있었습니다.

앞서 언급했듯, 저는 초등학생, 중학생, 고등학생을 대상으로 심리학을 활용한 효과적인 공부법을 가르치는 '학습법 강좌'를 진행해 왔습니다. 강좌를 진행하던 중 바우어의 기억 실험을 아래와 같이 시도해 보았습니다.

교실 왼쪽에 있는 절반의 학생들에게는 '낙타, 치즈, 브로콜리, 양상추, 코끼리, 우유, 시금치, 얼룩말, 토마토, 버터, 요구르트, 하마' 등 12개의 단어가 뒤죽박죽으로 섞인 목록을 나눠주고, 오른쪽 절반의 학생들에게는 '동물', '채소', '유제품' 등 그룹별로 나뉜 깔끔하게 정리된 목록을 나뉘준 후, 얼마나 기억하는지 시험해 보았습니다.

그러자 역시 정리된 목록을 받은 오른쪽 학생들이 이겼습니다. 그 후, 나눠준 목록이 달랐다는 사실을 학생들에게 밝히고, 어떤 목록으로 단어를 외웠는지 목록을 서로 교환해 확인하게 했습니다. 그러자 정교화 전략 실험 때와 마찬가지로, 뒤죽박죽인 목록을 받은 왼쪽 학생들이 "이렇게 잘 정리되어 있으면 당연히 기억하기 쉽죠!"라며 볼멘소리를 했습니다. 즉, 그들은 '정리가 되어 있으면 기억하기 쉽다'라는 사실을 직관적으로 알고 있었습니다.

영어 단어도, 한자도, 역사책에 나오는 다양한 정보도 교과서에 나오는 순서대로 외워야 할 필요는 없습니다. 사람은 정보를 효율적으로 처리하기 위해 무의식적으로 조직화하려는 성향이 있습니다. 이를테면 앞서 나왔던 '낙타, 치즈, 브로콜리, 양상추, 코끼리, 우유, 시금치, 얼룩말, 토마토, 버터, 요구르트, 하마'라는 목록을 기억하고 있다가 다시 떠올릴 때 '낙타, 코끼리, 얼룩말… 다음에 뭐였지?'라는 식으로 '동물'이라는 그룹에 속한 단어들을 연속해서 떠올리기도 합니다(이런 현상을 '군집화'라고 합니다).

하지만 학습하는 내용이 복잡해지고 다루는 양이 많아지

면 무의식적으로 조직화하기는 어렵습니다. 의식적으로 조직화해야만 합니다. 방을 정리할 때 선반이나 서랍이 필요하듯, 정보를 정리하기 위해서는 스스로 틀을 마련해야 합니다. 하지만 처음부터 틀을 만들기는 쉽지 않으므로 '좋은 본보기'를 보면서 분류하는 방법과 정리하는 방법을 배워나가야 합니다. 여기서 '좋은 본보기'가 되는 것이 학습 참고서입니다. 참고서나 문제집에는 알기 쉽게 정보를 정리한 표나 그림이 실려 있으므로 이를 잘 활용하면 좋습니다.

학교 공부가 끝나도 우리는 계속 배워야 합니다. 그럴 때, 언제까지나 남이 정리해 준 것에 의존할 수는 없습니다. 그러므로 '좋은 본보기'를 보면서 분류하는 방법, 정리하는 방법을 익혀서 스스로 정보를 정리하고 받아들이는 힘을 기르길 바랍니다.

조직화 전략과 성적의 상관관계

마지막으로 조직화 전략과 성적의 상관관계를 설명합니다. 앞서 소개한 호리노와 이치카와의 연구는 조직화 전략의 효과를 보여주는 연구 중 하나입니다.

이 연구에서는 고등학교 3학년 학생 321명에게 설문조사를 실시해 반복 전략, 이미지화 전략, 조직화 전략의 사용 정도와 중간고사 성적 사이에 어떤 관계가 있는지 조사했습니다.

분석 결과, (1)수업 반복 기본 시험(교과서에 나오는 기본 내용에서 출제), (2)자유 교재 기본 시험(여름방학 자유 연구 교재에서 출제), (3)응용 장문 시험(시험에서 처음 제시된 장문 문제)의 세 종류 시험 점수 모두 조직화 전략(동의어, 유의어, 반의어를 뽑아 정리해서 외우기, 같은 상황에서 사용할 수 있는 관련성 있는 단어들을 정리해서 외우기)과의 연관성이 있는 것으로 나타났습니다. 조직화 전략으로 공부한 학생일수록 시험 점수가 더 높았던 것입니다. 이러한 분석 결과는 조직화 전략이 학습에 매우 효과적이라는 사실을 보여줍니다.

2장에서는 인지 전략에 대해 전반적으로 살펴보았습니다. 다음 장에서는 메타인지 전략에 관해 설명합니다.

제3장

메타인지
전략

메타인지 전략의 종류와 내용

2장에서는 학습전략 중 인지 전략에 대해 상세히 설명했습니다. 3장에서는 메타인지 전략에 대해 자세하게 살펴보겠습니다.

메타라는 말은 그리스어로 '한 단계 위'라는 접두사이며, 메타인지란 자신의 인지(정보처리)를 스스로 점검하고 조절하는 것을 말합니다. 메타인지 전략은 공부할 때 메타인지를 가동하면서 자신의 학습을 스스로 조절하는 전략이라고 할 수 있습니다. 인지 전략처럼 눈앞의 정보를 어떻게 처리하느냐도 중요하지만, 자신의 학습을 잘 관리하고 꾸려나가는 것도 매우 중요합니다. 구체적으로 점검(monitoring), 계획(planning), 조절(control)이라고 불리는 방법이 있습니다.

점검은 '내용을 얼마나 이해하고 있는지 확인하기 위해 스스로 질문하기' 등 스스로 자신의 이해도를 점검하는 작업을 말합니다. '계획'은 말 그대로 공부하기에 앞서 전망과 계획을 세우는 작업입니다.

자신의 이해도 점검과 학습 과정 조절은 서로 연결되어

있습니다. 공부하다가 잘 모르는 부분이 어디인지 알게 되면 그 부분을 한 번 더 공부하게 되므로, 점검과 조절이 바로 연속해서 일어나게 됩니다.

글을 읽으면서 잘 모르는 부분이 있으면 읽는 속도를 늦추거나 모르는 부분을 다시 읽습니다. 이것 역시 점검과 조절에 해당합니다. 그 밖에도 수업 중에 특히 중요하다고 생각되는 부분을 집중해서 듣거나 중요하지 않은 부분을 흘려듣는 경우가 있는데, 이것 역시 점검과 조절을 동시에 하면서 자신의 인지(정보처리)를 스스로 조절하는 것으로 볼 수 있습니다.

저는 카페에서 작업하면 능률이 더 좋은 편이어서 집중하고 싶을 때는 노트북을 들고 카페로 향합니다. 하지만 옆 테이블에서 큰 소리로 떠들면 읽고 있는 논문에 집중하려 해도 내용이 머리에 잘 들어오지 않습니다. 어느새 같은 단락을 몇 번이고 반복해서 읽고 있음을 깨닫기도 하는데, 이것도 자신의 이해도를 점검하며 읽기를 조절하는 활동이 함께 이루어지고 있다는 증거입니다.

심리학 연구에서는 점검이나 조절 같은 메타인지 전략을 얼마나 사용하고 있는지를 확인하는 질문 항목을 활용

도표 3-1 **메타인지 전략의 예**

계획

- 공부를 시작하기 전에 학습 내용의 흐름과 구조를 확인한다.
- 공부할 때는 단순히 교재를 읽는 데서 그치지 않고, 주제를 확인해 가며 무엇을 배우는지 파악한다.
- 이번 학습을 통해 무엇을 성취할지 목표를 설정한다.

점검

- 교재를 읽을 때 질문을 만들려고 노력한다.
- 공부할 때 어떤 내용을 잘 이해하지 못하는지 스스로 점검한다.
- 학습한 내용을 잘 이해하고 기억했는지 확인하기 위해 스스로에게 질문한다.

조절

- 교재를 읽다가 이해가 안 되면, 돌아가서 제대로 이해할 수 있을 때까지 다시 읽는다.
- 교재를 이해할 수 없다면 읽는 방법을 바꿔본다.
- 수업 목표나 선생님의 수업 방식에 맞춰 공부 방법을 바꾸려고 노력한다.
- 수업 중 필기를 하다가 이해가 안 되면 나중에 다시 정리한다.

해 왔습니다. 핀트리치(Pintrich) 등이 작성한 MSLQ라는 질문지에 구체적인 질문 항목이 잘 정리되어 있으므로 도표 3-1에서 이를 소개합니다(핀트리치 등 1993).

이 표의 질문 항목을 보면, 우리는 교재를 읽을 때, 수업을 들을 때, 공부에 몰두할 때 등 다양한 상황에서 메타인지를 작동하고 있다는 사실을 알 수 있습니다. 심리학의 많

은 연구에서 이 질문 항목을 이용해 메타인지 전략과 성적
의 상관관계에 관해 다양한 분석이 이루어지고 있습니다.
자세한 내용은 나중에 소개하겠습니다.

또 이 질문 항목에서는 다루지 않았지만, 최근에는 자기
의 공부 의욕을 지속하거나 강화하는 동기부여 조절 전략
이 학계의 주목을 받으며 활발히 연구되고 있습니다. 동기
부여 조절 전략이란 '의식적으로 공부 의욕을 조절하는 것'
을 말합니다.

공부하려고 해도 도무지 의욕이 생기지 않을 때가 있습
니다. 그런 의욕이 떨어진 상태를 스스로 인식한 후(점검),
자기의 의욕을 높일 방법을 찾기 위해 노력(조절)합니다. 아
마 여러분도 '이 공부가 끝나면 나를 위한 보상으로 간식을
먹을 거야!', '여기서 잘 버티면 분명히 실력이 늘 거니까
최선을 다해보자!' 등 여러 방법을 동원하여 스스로 동기를
부여하고 있을 것입니다. 이것이 바로 동기부여 조절 전략
이라고 불리는 공부 의욕에 관한 메타인지 전략입니다.

지금까지 메타인지 전략의 종류와 내용에 대해 간략하게
설명했습니다. 이제부터 메타인지 전략을 다룬 여러 선행
연구를 살펴봅니다.

무이스(Muis)와 프랑코(Franco)의 연구에서는 앞서 소개한 핀트리치 등의 질문 항목을 이용해 인지 전략과 메타인지 전략의 사용 정도와 성적의 연관성을 조사했습니다(무이스, 프랑코 2009). 조사 참여 대상은 교육심리학 수업을 수강하는 대학생 201명입니다. 설문지를 이용하여 인지 전략과 메타인지 전략의 각 문항에 자신은 어느 정도 해당하는지 1단계(전혀 그렇지 않다)에서 7단계(매우 그렇다)까지 응답하게 하고, 교육심리학 최종 성적과의 관계를 분석했습니다.

교육심리학 성적은 과제 2회, 중간고사, 기말고사로 구성되어 있었습니다. 과제는 수업에서 무엇을 배웠는가, 배운 내용을 어떻게 가르치거나 배우는 데 활용할 수 있는가를 논하는 것으로, 최종 성적을 100점이라고 할 때 과제는 1회당 25점씩이었습니다. 중간고사는 25점, 기말고사는 15점 배점이었습니다. 나머지 10점은 출석 점수였습니다.

이렇게 측정된 학습전략 점수와 성적과의 관계를 분석한 결과, 메타인지 전략은 성적과 높은 연관성이 있는 것으로 나타났습니다. 또 이 연구에서는 정교화 전략(공부할 때 중요한 요점을 자기 말로 바꾸어 말하기 등)도 성적과 매우 높은 연관성을 보였습니다. 반복 전략도 성적과 관련이 있었지만, 그 수치가 작았기 때문에 크게 연관성이 없다고 할 수 있습니다.

학습을 습관화하는 메타인지 전략

뻔히 공부해야 한다는 것을 알면서도 도무지 집중하지 못할 때가 있지 않나요? 숙제해야 하는데 자꾸만 스마트폰에 손이 가거나 인터넷에서 헤어나지 못해 숙제를 제대로 하지 못했던 경험은 흔히 겪어봤을 것입니다.

해야 하는 걸 알면서도 실행하지 못하면 본인도 답답할 테고, 부모님의 잔소리라도 들을라치면 의욕은 더 바닥으로 떨어집니다. 이런 문제를 극복하기 위해서는 스스로 자기 행동을 조절하는 메타인지 전략이 필요합니다.

메타인지 전략의 효과를 실감하기 위해, 이제부터 학부모님이나 선생님이 메타인지 전략을 어떻게 지도하느냐에 아이의 '학습력＝스스로 자기 학습을 주도하는 능력'이 좌우된다는 연구 결과를 소개해 보려고 합니다.

선생님이 숙제를 내주고 그 숙제를 평가하는 것뿐만 아니라 '매일의 가정학습을 계획하고 관리하는 방법을 지도하고, 가정학습 시간을 잘 확보하는 요령을 익히게 하는' 등 학습을 계획하는 방법을 의식적으로 가르침으로써 학생들의 학습 능력이 향상되었다는 연구 결과가 있습니다(다나카田中, 기하라木原, 오노大野 2009).

메타인지 전략을 가르치는 것의 효과를 보여준 또 다른 연구로 짐머만(Zimmerman), 보너(Bonner), 코바치(Kovach)의 실험(1996)도 있습니다. 이 연구는 메타인지 전략을 초등학생과 중학생에게 직접 가르쳤을 때의 효과를 조사한 것입니다.

이 연구에서는 숙제에 좀처럼 집중하지 못하는 문제를 해결하기 위해서 자신의 학습 행동을 '점검'하도록 유도했습니다. '주어진 과제를 언제 시작했으며, 시간이 얼마나 걸렸는지', '어디서, 누구와 함께했는지', '주변에 방해가 되는 물건이 없었는지' 등을 기재하는 표를 만들어 그 표를 작성하게 하여 스스로 자신의 행동을 점검하게 했습니다.

또 자기의 시간 활용법을 점검하게 했을 뿐 아니라 시간 관리와 목표 설정 방법에 대해 선생님이 직접 학생을 지도

했습니다. 선생님이 지도한 방법은 '규칙적인 공부 시간 설정', '자신에게 맞는 실현 가능한 목표 설정', '과제의 우선순위 정하기', '자기에게 보상하기' 등입니다. 공부 시간을 정하고, 목표를 설정하고, 과제의 우선순위를 매기는 것은 '계획'이며, 자기에게 보상을 준비하는 것은 스스로 동기를 부여하는 공부 의욕 '조절'에 해당합니다.

이렇게 '계획'과 '조절' 같은 메타인지 전략을 가르치고, 자신의 학습 행동이 어땠는지, 배운 학습전략을 잘 사용했는지를 기록하게 하여 '점검'을 유도한 것입니다.

실험 결과, 숙제에 집중하지 못하는 등 학습에 어려움을 겪던 학생들이 숙제를 잘할 수 있게 되었고, 학업성취도도 향상되었습니다. 이 연구는 점검, 계획, 조절 같은 메타인지 전략을 가르치는 것이 학습에 효과적이라는 사실을 증명했습니다.

저는 원래 학교 선생님이 되고 싶었으므로 대학생 때부터 과외 수업이나 학원 등에서 많은 학생을 가르쳐왔습니다. 또 연구자가 된 후에도 여러 학교를 방문하여 학생들에게 직접 공부법을 가르치고 있습니다. 그때 학생들이 제게 가장 많이 상담하는 내용이 '도무지 공부에 집중할 수 없다'는 고민입니다.

역시 이럴 때 문제를 해결할 실마리가 계획, 점검, 조절입니다. 공부할 때 계획을 세우는 것은 아주 중요합니다. 2장의 첫머리에서 학생 A는 중간고사나 기말고사에 대비해 계획을 세운다고 말했습니다. 즉, 학생 A는 '계획'이라는 메타인지 전략을 사용하고 있는 것입니다.

이때 가능한 한 구체적인 목표를 세우는 것이 핵심입니다. 앞서 소개한 짐머만 등의 연구에서도 실현 가능한 목표를 세우라고 제안합니다. 동기부여에 관한 심리학 연구에 따르면, 우리 인간은 '할 수 있을 것 같다'는 기대감이 없으면 동기부여가 되지 않는다고 합니다. 달성하기 어려운 목표나 시간상으로 멀리 있는 목표에는 의욕이 생기지 않습니다.

여기서 초등학생을 대상으로 한 실험을 소개합니다(밴듀라Bandura, 성크Schunk 1981). 초등학생에게 문제집으로 공부하게 할 때, '1주일 동안 42쪽'이라는 목표를 준 경우와 '하루에 6쪽'이라는 목표를 준 경우를 비교했습니다. 그랬더니 '하루에 6쪽'이라는 목표를 받은 학생들의 공부 의욕이 더 높아졌고 학업 성적도 더 좋아졌습니다.

이러한 점을 생각한다면 스스로 목표를 세우거나 계획을 짤 때도 하루에 무엇을 할 것인지, 좀 더 세세히 말하자면, 몇 시부터 몇 시까지 무엇을 할 것인지를 구체적으로 정해두면 좋습니다. 매일 선생님이 내준 숙제를 할 때도 '오늘은 수학과 물리 숙제를 해야 하는구나…'라고만 생각한다면 좀처럼 개선되기 어렵습니다. 목표와 계획을 구체적으로 세웠다면, 몇 시부터 몇 시까지 어떤 과목의 숙제를 할 것인지도 계획표에 적어두는 것이 좋습니다. 그때, 몇 시부터 몇 시까지 쉬거나 좋아하는 다른 일을 할 것인지도 함께 계획해 둔다면 그것을 위해 공부에 더 열중할 수 있을 것입니다.

또 학습을 습관화하기 위해서는 자기 학습을 스스로 '점검'하는 것도 매우 중요합니다. 자기가 세운 계획을 얼마나 실행했는가를 점검하는 시간이 꼭 필요합니다. 짐머만 등의 연구에서도 자기가 무엇을 했는지 점검하는 활동이 포함되어 있습니다.

지금까지 설명한 것처럼 점검과 조절은 한 묶음입니다. 점검을 통해 아직 하지 못한 것이 무엇인지를 확실히 알게 된다면 자기 행동을 조절하기 쉽습니다. 계획표에 적은 공부가 다 끝나면 체크 표시를 하거나 '완료'라고 적는 등 자신의 학습을 점검하고, 이를 직접 눈으로 확인할 수 있도록 하면 더 좋은 효과를 얻을 수 있습니다.

저도 대학 입시를 준비하면서, 먼저 한 달 동안 어디까지 끝내야 하는지를 판단하고, 그다음에 1주일마다 무엇을 할지 목표를 정하고 나서 하루에 반드시 어디까지 진도를 나가야 하는지를 결정했습니다. 예를 들면, '16시부터 수학 문제집 A를 13쪽부터 17쪽까지 푼다', '19시부터 역사 연도표를 만든다' 등을 달력에 적어 나갔습니다. 그리고 계획했던 공부가 끝나면 줄을 그어 지웠습니다. 달력에 적은 목표가 아직 완료되지 않았으면 무슨 일이 있어도 그 목표를 완수할 때까지 공부해야 했고, 그날의 모든 목표를 끝내면 더할 공부가 없으니 마음 편히 바닥에 드러누워 쉬었습니다. 저는 이런 식으로 공부했습니다.

동기부여 조절 전략

이 장의 첫머리에서도 설명했듯, 최근 심리학의 연구들은 스스로 공부 의욕을 조절하는 '동기부여 조절 전략'의 효과에 주목하고 있습니다. 그중에서 우메모토(梅本)와 다나카(田中)의 연구(2012)를 소개하려고 합니다. 이 연구에서는 자신의 공부 의욕을 조절하는 '동기부여 조절 전략'을 분류한 후, 실제로 어떤 동기부여 조절 전략을 사용하면 끈기 있게 공부에 집중할 수 있는지 조사했습니다.

먼저 대학생 156명을 대상으로 공부 의욕이 떨어질 때 어떻게 의욕을 되살리는지 생각나는 대로 써보게 했습니다. 이 과정에서 나온 424개의 답변 중, 비슷한 내용을 묶어서 동기부여 조절 전략에 관한 질문 항목을 만들었습니다.

그런 다음, 다른 대학생들에게 앞의 조사에서 나온 각 질문 항목에 1(전혀 그렇지 않다)에서 4(매우 그렇다)까지 4단계로 자신이 어디에 해당하는지 응답하도록 했습니다.

272명의 응답을 요인 분석(어떤 항목의 연관성이 높은지 알아보는 분석)한 결과, 동기부여 조절 전략은 흥미 증진 전략, 가치 부여 전략, 성취 상상 전략, 협동 전략, 성적 중시 전략, 환경 조절 전략, 인지 변용 전략의 7가지 그룹으로 분류할 수 있었습니다. 각각의 구체적인 질문 항목은 도표 3-2와 같습니다.

도표 3-2 동기부여 조절 전략의 예(우메모토, 다나카 2012)

흥미 증진 전략

- 재미있게 공부할 수 있도록 여러 방법을 시도한다.
- 공부하면서 재미있을 것 같은 부분을 찾아본다.
- 친숙한 주제로 바꿔서 생각해 본다.

가치 부여 전략

- 다른 사람이 열심히 공부하는 모습을 본다.
- 지금의 공부가 미래에 도움이 된다고 생각한다.

성취 상상 전략

- 공부가 끝난 후를 생각한다.
- 공부를 끝냈을 때 느낄 성취감을 상상한다.
- 끝까지 공부해 낸 자기 모습을 상상해 본다.

협동 전략

- 친구와 서로 도와가며 공부한다.
- 친구와 함께 공부한다.

성적 중시 전략

- 학점을 따기 위해 공부한다고 생각한다.
- 공부하지 않으면 학점을 받을 수 없다고 생각한다.

환경 조절 전략

- 좋아하는 장소에서 공부한다.
- 방을 공부에 집중할 수 있는 환경으로 만든다.
- 공부하는 틈틈이 기분 전환을 한다.

인지 변용 전략

- 지금 하는 공부는 쉬운 편이라고 생각한다.
- 지금 하는 공부보다 미래는 더 힘들 것이라며 스스로 다독인다.
- 이 공부는 자기에게 꼭 필요한 공부라고 되뇐다.

이제 질문 항목에 대해 자세히 알아봅시다.

'흥미 증진 전략'은 재미있게 공부할 수 있도록 여러 방법을 시도하거나 공부 내용 중 재미있을 것 같은 부분을 찾아보는 등 스스로 흥미를 높이려고 탐색하는 전략입니다. '가치 부여 전략'은 '지금의 공부가 미래에 도움이 된다고 생각한다' 등 공부가 가치 있는 일이라고 생각하는 전략입니다.

'성취 상상 전략'은 이 공부가 끝나면 성취감을 얻을 수 있을 것이라며 스스로 동기부여를 하는 방법입니다. '협동 전략'은 친구와 함께 공부하면서 서로 공부 의욕을 북돋우는 전략입니다.

'성적 중시 전략'은 '공부하지 않으면 학점을 받을 수 없다고 생각한다'와 같이 공부를 하지 않았을 때의 위험을 인식하며 자신을 몰아붙이는 방법입니다. '환경 조절 전략'은 '좋아하는 장소에서 공부한다', '방을 공부에 집중할 수 있는 환경으로 만든다' 등 환경을 바꾸어 공부 의욕을 높이려는 전략입니다. 앞서 저는 집중하고 싶을 때 카페로 가서 작업을 한다고 했는데, 바로 '환경 조절 전략'을 쓰고 있는 것입니다. '인지 변용 전략'은 '지금 하는 공부는 쉬운 편이라고 생각한다'와 같이 실제로는 그렇지 않더라도 일부러 그렇게 생각하며 동기를 부여하는 전략입니다.

추가 분석 결과, 일곱 가지 전략 중 '흥미 증진 전략', '가치 부여 전략', '인지 변용 전략', '성취 상상 전략', '환경 조절 전략'의 다섯 가지 전략은 하나의 큰 그룹으로 묶을 수 있었습니다. 이들은 모두 추후 보상과는 상관없이 자기의 마음가짐을 통해 동기부여를 시도했으므로 '자율 조절 전략'이라고 부를 수 있습니다.

또 이 연구에서는 동기부여 조절 전략을 분류했을 뿐 아니라, 각 동기부여 조절 전략과 '지속성 결여', '학습 태도'와의 관계도 분석했습니다.

동기부여 조절 전략은 각 질문 항목에 대해 자기는 어디에 해당하는지를 1부터 4까지의 4단계로 답변을 받아 측정했습니다. 지속성 결여는 '나는 싫증을 잘 내는 편이라고 생각한다', '나는 공부할 시간이 되어도 좋아하는 TV 프로그램을 보고 있으면 공부를 시작하기가 어렵다', '나는 공부하다 보면 금방 지겨워진다' 등의 질문 항목에 대해, 학습 태도는 '나는 학교에서 열심히 공부한다', '나는 집중해서 수업을 듣는다' 등의 질문 항목에 대해 각각 4단계로 답하게 했습니다.

이때 사용된 동기부여 조절 전략은 다섯 가지 전략을 합친 '자율 조절 전략'과 '협동 전략', '성적 중시 전략'의 세 가지입니다. 각 전략의 점수와 질문 항목에 대한 응답을 분석한 결과, 자율 조절 전략은 지속성 결여와 음의 관계, 학습 태도와는 양의 관계가 있는 것으로 나타났습니다. 지속성 결여와 음의 관계라는 말은 자율 조절 전략을 사용하는 사람일수록 지속성 결여 점수가 낮게 나타났으며, 이는 곧 끈기 있게 공부에 집중한다는 뜻입니다. 학습 태도와 양의 관계라는 말은 자율 조절 전략을 사용하는 사람일수록 공부에 더 집중한다는 의미입니다.

한편, 협동 전략과 성적 중시 전략은 지속성 결여와 양의 관계가 있는 것으로 나타났습니다. 즉, 협동 전략과 성적 중시 전략을 사용하는 사람일수록 끈기 있게 집중하지 못한다는 뜻입니다. 이 점에 대해 논문에서는 '협동 전략을 사용하면 친구들과 수다를 떠느라 공부에 집중하지 못하는 것이 아닐까?', '성적을 걱정하며 동기부여를 하는 방식으로는 오랜 시간 공부하기 힘들지 않을까?'라고 추측했습니다.

해야 한다는 것을 뻔히 알면서도 선뜻 실행에 옮기기 힘든 일들이 많습니다. 우리 사회에서 좋아하는 일, 하고 싶은 일만 하면서 살아갈 수 있는 행운아는 극히 소수에 불과합니다.

저는 연구를 하거나 논문, 책을 쓰는 것을 좋아하고, 대학에서 수업하는 것도 즐겁습니다. 그런 점에서는 매우 축복받은 사람이라고 생각하지만, 대학 교수의 업무 중에는 하고 싶지 않은 일도 있습니다. 하지만 내키지 않는다고 해서 안 할 수는 없는 노릇입니다. 그럴 때는 '이 일도 꽤 재미있는 구석이 있구나'라는 흥미 증진 전략, '이 일을 해내면 또 새로운 능력이 생길 거야'라는 가치 부여 전략을 사용하면서 어떻게든 동기를 부여하려고 애씁니다. 여러분도 자신의 의욕을 끌어낼 수 있는 다양한 방법을 탐색해 보고, 그중에서 자기에게 꼭 맞는 방법을 찾아보았으면 합니다.

공부에서 가장 중요한 것은?

동기부여에 관한 여러 연구 결과를 소개했습니다. 이제 좀 더 친숙한 대화 형식으로 새로운 관점에서 이 문제를 살펴보겠습니다.

선생님 그런데 여러분! 공부에서 중요한 것은 무엇일까요? 쉽게 말하자면, 성적을 올리기 위해서는 무엇이 필요할까요?

학생 A 꾸준한 노력이 중요하다고 생각합니다. 역시 꾸준히 하지 않으면 실력이 늘지 않으니까요.

학생 B 자기에게 맞는 공부법을 찾아야 한다고 생각해요. 저는 표를 만들면 기억하기 쉬워서 여러 과목에서 활용하려고 노력 중입니다.

학생 C 어쨌든 외우는 게 중요하지 않을까요? 공식이나 풀이법만 외워도 웬만한 문제는 풀 수 있더라고요.

학생 D 제대로 이해하는 것이 중요하다고 생각합니다. 여러 지식의 연관성을 이해하면 기억에도 오래 남고 다시 떠올리기도 쉬워지니까요. 잘 이해하지도 못하면서 공부하는 건 효과적이지 않아요.

여러분은 이런 질문을 받으면 어떻게 대답하겠습니까?

도표 3-3 **인지주의 학습관과 비인지주의 학습관**

인지주의 학습관	
의미 이해 지향	배운 내용들의 연관성을 생각하며 암기하면 효과적이다.
전략 지향	성적을 올리기 위해서는 공부법에 대한 고민이 필요하다.
사고 과정 중시 지향	틀린 문제는 정답뿐만 아니라 풀이법도 알고 싶다.
실패 활용 지향	실수는 앞으로의 학습에 활용할 수 있는 중요한 정보다.
비인지주의 학습관	
단순 암기 지향	왜 그런지 생각하기 전에 일단 외우는 게 최고다.
물량(학습량) 지향	무조건 학습량이 많아야 한다.
결과 지향	왜 그렇게 되는지는 모르더라도 답만 맞으면 된다.
환경 지향	성적이 좋은 반에 들어가면 내 성적도 좋아진다.

지금까지 다양한 과목에서 어떤 방법으로 공부하면 좋을지를 살펴보았는데, 여기서는 공부에서 가장 중요한 것이 무엇인지 생각해 보죠.

공부에서 무엇이 중요한가? 성적을 올리기 위해서는 무엇이 필요한가? 이 질문에 대한 대답은 그 사람의 '학습관'을 나타냅니다. 학습관이란 쉽게 말해 공부에 관한 생각입니다. 앞서 질문에 대한 네 사람의 대답이 제각각인 것처럼 학습관도 저마다 다릅니다. 그런데 지금까지의 조사에 따르면, 일본 학생들은 크게 보아 인지주의 학습관과 비인지주의 학습관이라는 두 가지 학습관이 있는 것으로 나타났습니다(도표 3-3).

인지주의 학습관

인지주의 학습관은 깊이 생각하고 이해하는 것을 중시하는 사고방식입니다.

　인지주의 학습관에는 '제대로 이해하는 것이 중요하다', '공부한 내용이 어떻게 서로 연결되는지를 파악해야 한다'라는 의미 이해 지향적 관점이 포함되어 있습니다. 완벽하게 이해하는 것이 중요하다고 생각하는 사고방식입니다.

　그 밖에도 '성적을 올리기 위해서는 공부 방법을 고민해야 한다'처럼 공부 방법을 바꾸면 성적을 올릴 수 있다고 생각하는 사고방식(전략 지향), '틀린 문제는 정답뿐만 아니라 풀이법도 알고 싶다'처럼 중간중간 생각의 방향이 맞는지, 더 좋은 생각은 없는지 고민하는 사고방식(사고 과정 중시 지향), ‘실수는 앞으로의 학습에 도움이 되는 중요한 정보다’, ‘실패는 다음을 위한 연습이다’처럼 잘못되었을 때 어떻게 하면 좋았을까를 평가하며 다음 학습으로 발전시켜 나가려는 사고방식(실패 활용 지향)도 인지주의 학습관에 포함됩니다.

이렇게 정보를 깊이 있게 처리하고, 자기만의 생각과 방법을 중시하는 인지주의 학습관을 가지고 있다면, 공부할 때 단순히 여러 번 보고 달달 외우거나 풀이법을 그저 암기하려고 하지 않습니다.

학습관과 학습전략의 관련성을 조사한 연구가 있습니다. 고등학교 3학년 학생 366명을 대상으로 각자 어떤 학습관이 어느 정도 있는지 묻고, 학습관과 학습전략과의 관계를 조사한 연구입니다(우에키植木 2002).

이 연구에서는 수학 공부에서 ‘설명을 읽을 때, 읽고 있는 내용과 내가 알고 있는 지식을 연관시키려고 노력한다’, ‘공부할 때 어려운 단어가 나오면 내가 알고 있는 단어로 바꾸어 이해한다’와 같이 자신의 지식과 연결 짓는 정교화 전략을 얼마나 사용하는지에 대해 1(전혀 그렇지 않다)에서 7(반드시 그렇다)까지 7단계로 물었습니다. 또 ‘수업 중이나 수업 후 선생님이 강의한 내용을 잘 이해하고 있는지 스스로 되묻는다', '문제를 풀다가 막혔을 때 어느 부분을 이해하지 못했는지 다시 생각해 본다'처럼 자신의 이해도를 스스로 점검하는 메타인지 전략에 대해서도 7단계로 나누어 어느 정도 사용하는지 물었습니다.

학습전략과의 관계를 분석한 결과, 전략 지향이 강한 사람('공부 잘하는 사람은 공부법을 잘 아는 사람이다', '사람마다 자기에게 맞는 공부법을 찾아야 한다'라고 생각하는 사람)일수록 정교화 전략과 '점검' 전략을 모두 잘 사용했습니다. 공부에서 방법이 중요하다고 생각하는 사람은 스스로 자신의 이해도를 점검하고, 자신의 지식과 연결하여 깊이 있게 이해하면서 공부했다는 것입니다. 이러한 연구 결과에서 인지주의 학습관을 가진 사람은 효과적인 학습법으로 공부한다는 사실을 잘 알 수 있습니다.

비인지주의 학습관

지금까지 설명한 인지주의 학습관과 대조되는 것이 비인

지주의 학습관입니다. 비인지주의 학습관이란 깊은 생각과 이해를 중시하지 않는 사고방식을 말합니다.

구체적으로는 '왜 그런지 생각하기 전에 일단 외우는 게 최고다', '어떤 시험이든 암기만 하면 된다'처럼 무조건 머리에 넣는 것을 중요하게 여기는 사고방식(단순 암기 지향), '학습량이 많아야 한다'처럼 공부의 질은 제쳐두고 양을 채우는 것이 중요하다고 여기는 사고방식(물량 지향), '왜 그렇게 되는지 모르더라도 답만 맞으면 된다'라는 사고방식(결과 지향)이 있습니다. 결과 지향은 '중간 과정을 제대로 이해하고 싶다'는 사고 과정 중시 지향과는 정반대라고 할 수 있습니다.

한편, 공부에서 무엇이 중요하냐고 물었을 때 '성적이 좋은 반에 들어간다', '실력 좋은 선생님을 만난다'처럼 성적이 자신이 처한 환경에 따라 좌우된다고 생각하는 사람도 있습니다(환경 지향).

성적을 올리기 위해서는 '어쨌든 외워야 한다', '무조건 많이 하는 수밖에 없다'라고 생각하기 쉽습니다. 실제로 공부에 어려움을 겪고 있는 학생들, 열심히는 하지만 성적이 잘 나오지 않아 힘들어하는 학생들과 이야기를 나누다 보면, "수학 문제를 잘 풀고 싶은데 풀이법이 도무지 외워지지 않아요", "하루에 2시간씩 공부하는데도 성적이 도통 오르지 않아요", "그래도 어쩌겠어요. 할 수밖에 없죠"라는 말을 자주 듣게 됩니다. 이러한 말들로 미루어보면 그들은 공부란 단순히 암기하는 것, 일정한 학습량을 소화하는 것이며, 얼마나 많이 암기했는지, 몇 시간 공부했는지에 따라 성적이 오른다고 생각하는 듯합니다.

물론 외우지 않는 것보다는 외우는 것이 낫고, 하지 않는 것보다는 하는 것이 좋지만, 지식이란 의미도 모른 채 무작정 채워 넣기만 하면 나중에 잘 기억나지 않을뿐더러 금방 잊어버리게 마련입니다. 그러다 보니 조금만 까다로운 문제가 나와도 쉽게 대처할 수 없어 쓸모없는 지식이 되어버립니다.

실제로 이러한 비인지주의 학습관이 좋은 학습으로 이어지지 않는다는 연구 결과가 있습니다(스즈키鈴木 2016). 이 연구는 초등학교 5학년과 6학년 학생 총 394명을 대상으로, 의미 이해 지향 학습관(공부는 스스로 이해할 수 있는지 없는지가 중요하다는 사고방식)과 암기 재생 지향 학습관(왜 그런 답이 나왔는지 이유는 몰라도 문제 푸는 방법만 외우면 된다는 사고 가정 시간에 과자를 만듭니다.
아래 그림과 같이 한 변이 8cm인 정사각형의 과자 생지를 받았습니다.
밑변이 4cm, 높이가 4cm인 이등변삼각형 '틀'을 사용하여 과자를 만
들기로 했습니다.
몇 개의 과자를 만들 수 있을까요?
어떻게 답을 생각해 냈는지 아래 빈칸에 설명을 적어봅시다.

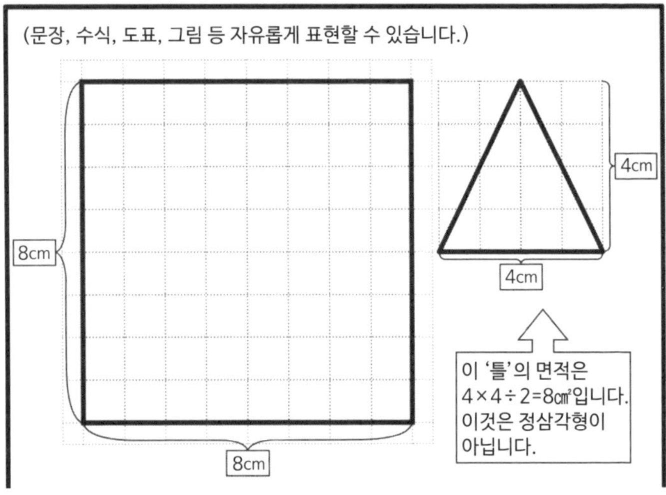

방식)이 어느 정도 있는지 다양한 질문에 답하는 방식으로
점수를 매겼습니다. 또 이 연구에서는 실제 산수 문제를 풀
게 해 학습관에 따라 문제 푸는 방식에 어떤 차이가 있는지
도 알아보았습니다.

이 문제에서 단순히 틀을 생지에 똑바로 찍어서 과자 모양을 만들면 4개밖에 만들 수 없습니다. 하지만 틀을 회전시켜 맞춰보면 '6개'라는 답이 나옵니다. 그리고 실제로 생지는 변형하거나 서로 합할 수 있으므로, 반죽 면적을 틀의 면적으로 나눠 '8개'까지 만들 수 있습니다. 이 과제의 목적은 단순히 몇 개 만들 수 있는지 답을 구하게 하는 것이 아니라 '어떻게 답을 생각해 냈는지'를 설명하게 하는 것입니다. 설명을 통해 그 사람이 과제를 어떻게 해결했는지, 정말 이해하고 있는지 엿볼 수 있습니다.

분석 결과, 암기 재생 지향이 강한 사람일수록 '8개'라고 답한 사람이 적었습니다. 반대로 의미 이해 지향이 강한 사람일수록 '8개' 또는 '6개'라고 답한 사람이 많았습니다. 또 답을 쓰지 않는 '무응답' 확률에 대해서도 분석했는데, 암기 재생 지향이 강한 사람일수록 무응답 확률이 높았습니다.

이 질문에 '4개'라고 답하는 것은 단순히 틀을 생지에 그대로 찍는 경우만 생각했기 때문입니다. 이는 그다지 깊이 있게 생각한다고 볼 수 없습니다. 반면, '6개'나 '8개'라고 답한 사람은 틀을 거꾸로 찍는 경우, 남은 생지를 활용하는 경우 등을 상상하는 등 더 깊이 있게 생각한다고 볼 수 있습니다. 이 연구 결과를 통해 과제를 수행할 때 암기 재생 지향이 강한 사람일수록 얕은 생각을 하고, 의미 이해 지향이 강한 사람일수록 깊은 생각을 한다는 것을 알 수 있습니다.

'어떻게'가 중요하다

앞서 설명한 것처럼, 새로운 지식을 받아들일 때 자신의 지식과 연결하거나 정리해 보는 등 나름대로 노력을 기울이면 기억에 더 잘 남고 활용하기도 쉬워집니다. 이러한 노력에서 가장 중요한 키워드는 '어떻게'입니다. 눈앞의 정보를 어떻게 해석할 것인가(의미 이해 지향), 문제를 풀 때 어떻게 추론할 것인가(사고 과정 중시 지향), 평소에 어떻게 공부할 것인가(전략 지향), 실패를 어떻게 다음에 활용할 것인가(실패 활용 지향) 등 인지주의 학습관에는 늘 '어떻게'가 따릅니다.

'어쨌든 학습량을 채워야지', '이것 말고는 방법이 없어'

라는 생각보다 어떻게 하면 더 효과적일지 끊임없이 탐구하는 자세는 공부 말고도 우리의 삶 전반에 큰 도움이 될 것입니다.

초등학생 때는 공부 내용도 그리 복잡하지 않고, 배워야 할 지식의 양도 그렇게 많지 않습니다. 그래서 그냥 쓰면서 외우거나 여러 번 반복해서 푸는 방식으로도 충분히 대처할 수 있습니다. 하지만 중학교에 올라가면 내용이 어려워지고 교과목의 수도, 각 과목에서 다루는 분량도 많아지면서 단순히 외우거나 반복하는 방식으로는 감당할 수 없습니다. 그럴 때 '이렇게 할 수밖에 없어'라며 한 가지 방법만 고집하거나 한 가지 풀이법만 외우려고 하지 말고, 다른 방법을 궁리해 보고 다르게 생각할 수 없는지 탐색해 보아야 합니다.

여기서 제가 중학교 선생님들과 함께 진행한 '학습전략 탐구활동'을 소개합니다(시노가야篠ヶ谷, 후쿠모토福本, 야마모토山本, 가와무라川村, 나카이中井 2024). 중학교에 갓 입학한 학생들은 초등학교 때와 마찬가지로 별다른 고민 없이 여러 번 쓰고, 여러 번 푸는 것이 공부라고 생각해 '무조건 많이 해야 한다', '계속 반복할 수밖에 없다'라는 학습관이 있는 경우가 많습니다. 그러므로 학생들은 중학교에 입학할 무렵에는 탐구하는 자세가 공부에 매우 중요하다는 사실을 배워야 합니다.

이 연구에서는 학생 스스로 과제를 정해서 공부하는 '종합적인 학습 시간'을 활용하여, 중학교 1학년 학생들에게 공부하는 방법을 알려주고, '나에게 맞는 공부법은 무엇일까?'라는 주제로 공부 방법에 대한 탐구를 진행했습니다. 먼저 공부하는 데 효과적인 학습전략으로 이 책에서도 소개한 '정교화 전략'과 '조직화 전략'을 설명하고, 실제로 교과 공부에 활용할 때 어떻게 해야 하는지 예시를 보여주며 가르쳤습니다.

지금까지의 심리학 연구 결과를 통해 숙제를 잘하기 위해서는 스스로 공부 계획을 세우고(계획), 기록을 남겨 되짚어보는 것(점검)이 중요하다는 사실을 알 수 있었습니다(짐머만 등 1996). 이를 참고하여 중간고사나 기말고사 전에 '어떤 방법으로 시험 대비 공부를 할 것인가?' 계획을 세우고, 시험 결과가 나온 후에는 '이번에 활용한 공부 방법은 어땠는가?'를 되돌아보고, 다음 공부를 위해 개선점을 찾아 나가는 일련의 활동을 수행하게 했습니다. 공부 방법의 효과를 알아보기 위한 탐구활동입니다.

그리고 과정의 마지막에는 '자기에게 맞는 학습전략'이라는 주제로 (1) 중학교에 입학하기 전에는 어떤 방법으로 공부했는지, (2) 중간고사 때는 어떻게 공부했는지, (3) 기말고사 때는 어떻게 공부했는지, (4) 결론적으로 자기에게 맞는 공부 방법은 무엇인지에 대해 정리한 후, 이를 포스터로 만들어 게시하고 발표하게 했습니다. 이 내용을 분석해 보면, 처음에는 '여러 번 풀어 본다', '계속 쓰면서 외운다' 같은 방식으로 공부했던 학생들이 '자기 말로 다시 요약했다', '어떻게 하면 풀 수 있는지 요점을 써 넣었다' 등 자신의 지식과 연결하면서 깊이 있게 이해하는 것을 중시하는 공부법에 대해 언급했습니다.

여러 번 풀고 계속 쓰면서 외우는 방식을 유지하던 학생들도 있었는데, 그런 학생들도 중간고사 전의 공부 방법은 '문제를 많이 풀었다'라고 썼다가, 기말고사 전 공부법은 '틀린 문제는 색깔 펜이나 포스트잇 등으로 알기 쉽게 표시하고 한 번 더 풀었다'로 바뀌는 등, 나름대로 변화하고 있었습니다. 이러한 결과로 볼 때, 자기의 공부 방법을 계획하고 그 효과를 되짚어보는 '학습전략 탐구활동'은 공부법

의 질을 높이고 탐구하며 공부하는 자세를 기르는 데 매우
효과적이었다고 볼 수 있습니다.

'공부하는 힘'을 기르자

공부할 때는 자신의 공부법이 정말 최선인지, 좀 더 효과적
인 공부법은 없는지 언제나 고민하고 탐구해야 합니다. '공
부'라고 하면 학교에 다닐 때만 한다고 생각하기 쉽지만,
고등학교나 대학교를 졸업하고 사회인이 된 이후에도 공부
는 계속됩니다.

직장에 취직하면 그 일에 필요한 업무를 익혀야 하고, 사
회인으로 살아가는 데 필요한 지식과 기술을 끊임없이 배
워야 합니다. 그러므로 우리 인간은 평생 배워야 하는 학습
자입니다. 평생 배워야 한다면 항상 '어떻게'를 염두에 두고
공부하는 습관을 들이는 것이 가장 좋습니다.

학교 공부는 각 과목에서 가르치는 내용 자체도 중요합
니다. 일상생활이나 미래의 직장에서 '그때 그걸 배워두
길 잘했어'라는 생각이 들 때가 많을 것입니다. 숫자 감각

이 부족하면 투자를 잘할 수 없고, 한자를 잘 모르면 뉴스에 나오는 용어를 이해하기 어렵습니다. 제도를 잘 모르면 세금이 제대로 부과되었는지 보험 가입이 필요한지 제대로 따져볼 수도 없고, 영어를 모르면 세계 각국의 정보를 습득하는 것이 어려워 여러 분야에서 남들보다 뒤처지기 쉽습니다.

하지만 '이 공부가 무슨 도움이 될지 도무지 모르겠어'라는 생각이 들 때도 있을 것입니다. 우리는 수학 시간에 $\sin \theta$, $\cos \theta$, $\tan \theta$ 같은 삼각함수나 제곱하면 -1이 되는 허수를 배웁니다. 그런데 학생들은 과연 이런 것이 무슨 도움이 될지 도통 짐작할 수가 없습니다. 사실 삼각함수는 거리를 계산하거나 물체의 회전을 나타낼 때 유용하게 쓰입니다. 삼각함수의 측량 원리는 GPS나 토목공사 등에, 회전 원리는 항공우주 분야의 비행기 제어, 게임 프로그래밍 등에 응용할 수 있습니다.

안타깝게도 저 역시 고등학교에서 수학을 공부할 때는 이런 공부가 현실에 도움이 된다는 사실을 전혀 알지 못했고, 학교 선생님이 되고 싶었던 제게는 장래 희망과 전혀 관련 없는 내용이었기에 공부하고 싶은 동기가 생기지 않았습니다.

그러나 내가 배우고 싶은 것뿐만이 아니라 여러 교과목에서 다양한 내용을 배워야 합니다. 이는 '배우는 힘'을 기르기 위해서라고 할 수 있습니다. 거듭 말하지만, 학교를 졸업한다고 공부가 끝나는 것은 아니며, 죽을 때까지 우리는 계속 배워야 합니다. 항상 내가 진심으로 원하는 공부만 할 수는 없습니다. 하기 싫은 일, 해야 할 의미를 도무지 찾을 수 없는 일이라 하더라도 어쩔 수 없이 해야 할 때가 있습니다. 그때, 기꺼이 고민하고 탐색할 수 있는 사람, 효율적으로 학습할 수 있는 사람, 스스로 학습 방법을 조절할 수 있는 사람, 그렇게 스스로 자기 의욕을 조절할 수 있는 사람과 그렇게 하지 못하는 사람은 같은 환경에서도 성장 속도에 분명히 차이가 납니다.

주어진 처지와 환경 속에서 훌륭히 성장하기 위해서는 '어떻게 하면 더 잘 배울 수 있을까'를 늘 고민하고 탐구하는 '배우는 힘'을 길러야 합니다. 학교에서 공부하는 기간은 하기 싫은 일, 해야 할 의미를 찾을 수 없는 일이라도 애써 노력하면서 배우는 힘을 기르는 귀중한 훈련 과정입니다.

앞 장에서 소개한 것처럼 무언가를 기억하는 데에도 여러 가지 방법(학습전략)이 있으므로, 학교 공부를 하면서 이러한 학습전략을 익혀서 다양한 상황에서 응용할 수 있도록 연습해야 합니다. 또 이 장에서 소개한, 자신의 행동과 공부 의욕을 점검하고 조절하는 메타인지 전략을 익혀두면 학습을 습관화하고 더욱 효과적으로 공부할 수 있게 될 것입니다. 매일 하는 학교 공부에서 항상 '어떻게'를 생각하면서, 열심히 탐구하며 '배우는 힘'을 길러나가길 바랍니다.

제4장

예습,
수업,
복습 사이클

수업에 활용하는 학습전략

학생들은 매일 학교에서 수업을 들으며 여러 가지를 배웁니다. 지금까지 우리 학습자들이 공부할 때 쓰는 다양한 방법(학습전략)에 관해 설명해 왔는데 이는 어디까지나 혼자서 하는 공부를 위한 것이었습니다. 당연하게도 효과적인 학습전략은 수업을 받을 때도 중요한 역할을 합니다.

앞서 설명한 대로 학습전략에는 반복 전략, 정교화 전략, 조직화 전략처럼 정보처리와 관련된 '인지 전략'과 계획, 점검, 조절처럼 스스로 학습을 관리하는 '메타인지 전략'이 있습니다. 여러 심리학 연구 결과에 따르면, 이러한 학습전략은 설명을 듣거나 동영상 강의를 시청할 때도 활용할 수 있다고 합니다. 또 수업을 들을 때 어떤 전략을 사용하면 이해도가 높아지는지에 관한 연구도 이루어지고 있습니다.

수업 시간에 선생님의 설명을 들을 때 많은 이들이 그 내용을 공책에 적습니다. 칠판에 적힌 내용이나 슬라이드에 표시된 내용을 그대로 옮겨 적는 것만으로는 충분하지 않습니다. 그렇게 하면 자신의 두뇌를 사용하지 않는 얕은 수준의 정보처리만 하는 셈이기 때문입니다. 들은 내용을 제대로 이해하고 습득하기 위해서는 자신의 지식과 연결하거나 수업 내용을 정리하는 일 즉, 정교화 전략, 조직화 전략 등 깊이 있는 정보처리를 해야 합니다.

칠판이나 슬라이드의 내용 외에 수업 시간에 들은 내용을 자기 말로 기록하는 것은 정교화 전략에 해당합니다. 귀로 들어온 정보를 자기 말로 바꿔 글로 남기는 일은 머릿속에 있는 지식과 연결되어야만 가능하기 때문입니다.

심리학에서는 공책 필기에 관한 연구도 활발히 진행되었습니다. 그런 연구 중에는 공책에 적으면 성적이 오른다는 보고도 있었습니다(키에라Kiewra 1985). 그 한 가지 예를 소개합니다. 대학생 180명에게 강의를 듣고 그 내용을 나중에 기억하도록 요청했습니다(에이켄Aiken 등 1975). 그 결과, 학생들이 기억하는 내용은 공책에 기록한 정보와 관련이 있음을 알 수 있었습니다. 학생들은 공책에 필기한 정보 중 절반 정도를 기억할 수 있었는데, 필기하지 않은 정보는 15% 정도만 기억할 수 있었다고 합니다.

공책에 필기하는 것은 자신의 지식을 활용하면서 정보를 재편집하여 이해도를 높이는 정교화 전략입니다. 그 밖에도 필기는 '외부 기억'이라는 기능도 있습니다. 외부 기억이란 머리 밖에 정보를 저장해 둔다는 뜻입니다. 수업을 듣는 것만으로 모든 정보를 머릿속에 기억하기란 어렵지만, 중요한 정보를 공책에 기록해 두면 복습할 때 그 정보로 다시 공부할 수 있습니다.

다만 여기서 주의해야 할 점은 '어떤 정보를 적을 것인가'입니다. 수업 필기에 관한 연구에 따르면, 중요한 정보를 기록하는 일은 상당히 어려우며, 수업 중 중요한 정보의 20~40% 정도만 필기한다고 합니다(키에라 1985, 오도넬 O'Donnell, 댄스로Dansereau 1993 등). 물론 선생님이 설명하는 모든 내용을 똑같이 받아 적을 수는 없고, 애초에 받아 적는 것이 수업의 목적이 아니기 때문에 굳이 그렇게 할 필요도 없습니다. 오히려 핵심은 중요한 정보가 무엇인지 주의를 기울이는 일입니다.

중요한 정보에 주의를 기울이는 데 필요한 것이 바로 메타인지 전략입니다. 3장에서 자신의 학습을 점검하고 조절하는 메타인지 전략에 관해 설명했습니다. 수업 내용을 제대로 이해하고 있는지 스스로 '점검'하고 중요한 정보에 주의를 기울이는 '조절'이 수업 중에 이루어지는 메타인지 전략입니다.

구체적으로는 선생님이 강조하는 부분에 집중하여 수업을 듣거나, 수업 내용에 대해 의문점이 없는지 수시로 확인하는 것이 바로 메타인지 전략입니다.

이제 설명을 들으며 공부할 때, 어떤 학습전략을 쓰면 효과적인지에 관한 연구 결과를 소개합니다(아제베도Azevedo, 크롬리Cromley 2004).

이 연구는 동영상을 보거나 인터넷을 검색하면서 공부하는 '하이퍼미디어' 학습 환경에서 공부할 때의 학습전략과 그 효과를 분석한 흥미로운 실험입니다. 먼저 대학생 131명을 대상으로 인체의 '순환계 시스템'을 공부하게 했습니다. 혈액, 심장, 순환기계통 등과 관련된 기사, 사진, 하이퍼링크, 그림 등이 준비되어 있고, 45분 동안 이를 자유롭게 이용해 공부하도록 했습니다. 학습 전에 내용을 깊이 있게 이해하는 데 필요한 학습전략을 미리 가르친 그룹과 그렇지 않은 그룹으로 나누었습니다.

이 연구의 독특한 점은 공부하는 동안 머릿속으로 생각하는 모든 것을 입 밖으로 말하게 하여, 그 내용을 통해 학습자가 어떤 전략을 사용하는지 분석했다는 것입니다(그때까지의 연구는 질문 항목에 답하는 방식이 대부분이었습니다). 이

도표 4-1 학습 중 사용한 학습전략 분류

		내용	발화 예시
메타인지 전략	**1. 계획**		
	계획	작업 선택 계획에 관한 발화	먼저 이 학습 환경의 구조를 보고 나서, 순환계의 어느 부분에 대해 살펴볼지 결정하자.
	목표	가능한 작업이나 얻고 싶은 정보 등에 관한 발화	지금 시스템을 통해 물질이 어떻게 이동하고 있는지에 관한 정보를 찾고 있어요.
	2. 점검		
	이해도 판단	아직 모르거나 이해하지 못하는 것에 대한 발화	이건 잘 모르겠는걸. 내겐 좀 어려워.
	아는 정도에 대한 자각	배운 것을 암기했지만, 충분히 기억해 내지 못하는 상황을 나타내는 발화	이제 어느 정도는 알 것 같은데, 한 번 더 읽어 볼까?
	자문자답	일단 멈춰서 스스로 질문해 보는 발화	이 부분에서 알 수 있는 건 뭘까?
	내용 평가	목표와의 관련성 점검	읽어봤는데 내가 찾던 정보는 아니야.
인지 전략	그림 그리기	그림과 도표를 직접 그린다.	그림을 좀 그려볼까?
	요약하기	읽거나 들은 내용을 정리한다.	이건 백혈구가 외부의 적을 물리치는 데 관여한다는 얘기로군.
	공책에 필기하기	배운 정보를 적는다.	심장 아래쪽에 이렇게 적어두자.
	필기 내용 읽기	자신이 필기한 내용을 읽는다.	혈액을 옮긴다…, 동맥…

러한 연구 방법을 발화사고법(think aloud method. 사고발화법이라고도 하며, 과제를 수행할 때 머릿속에 떠오르는 내용을 소리 내어 보고하는 방식을 말한다. - 옮긴이)이라고 합니다. 발화 내용을 분석한 결과, 학습 중 학생들이 사용한 학습전략을 도표 4-1과 같이 분류할 수 있었습니다.

아울러 이 연구에서는 학습한 내용을 얼마나 잘 이해하고 있는지를 알아보기 위해 몇 가지 테스트를 했습니다. 하나는 '매칭 테스트'로, 순환계 시스템과 관련된 16개의 용어에 대한 정의를 객관식으로 선택하는 것이었습니다. 또 다른 하나는 '라벨링 테스트'로, 인체를 그린 일러스트에 20개 부분의 이름을 적어 넣는 테스트였습니다. 또 순환계 시스템에 대해 머릿속에 어떤 이미지를 그리고 있는지(이것을 정신모형[mental model]이라고 부릅니다)를 자세히 알아보기 위해 심장, 폐, 뇌, 손, 발 사이에 혈액이 어떻게 흐르는지 그림으로 그리는 과제와 순환계 시스템에 대해 배운 내용을 모두 적어 보는 과제를 내주었습니다.

이렇게 얻은 데이터를 분석한 결과, 학습전략을 미리 배운 그룹이 그렇지 않은 그룹보다 '계획', '점검' 같은 메타인지 전략을 더 많이 사용하는 것으로 드러났습니다. 학습 중

그림 그리기, 스스로 정리하기(요약), 필기하기, 필기 내용 읽기 등의 인지 전략을 사용하는 사람도 더 많았습니다.

또 내용 이해도를 살펴보면, 용어의 정의를 선택하는 '매칭 테스트'에서는 그룹 간 차이가 보이지 않았으나, 인체 일러스트에 각 부분의 이름을 적는 '라벨링 테스트'에서는 학습전략을 지도받은 그룹이 더 좋은 성적을 거두었습니다. 머릿속에 만든 이미지(정신모형)를 조사하는 과제에서도 학습전략을 배운 그룹의 성적이 더 높은 것으로 나타나, 학습한 내용을 잘 이해하고 있음을 알 수 있었습니다.

이 실험의 결과는 매우 중요합니다. 순환계 시스템은 아주 복잡해서 심장과 폐의 역할이 무엇인지, 심장과 폐가 어떤 관계에 있는지, 어떻게 뇌와 팔다리로 산소를 보내는지 등을 이해하기란 쉽지 않습니다. 하지만 인지 전략과 메타인지 전략을 배운 그룹은 실제로 학습전략을 사용하면서 공부했고, 복잡한 내용을 잘 이해할 수 있었습니다. 이러한 결과를 통해 문장을 읽거나 동영상을 보면서 공부할 때도 머릿속에서 어떻게 정보를 처리하느냐가 중요하다는 사실을 확인할 수 있습니다.

예습과 복습, 수업의 관계

지금까지 수업을 들을 때 자신의 지식과 연결하고, 요약하고, 자신이 얼마나 알고 있는지 확인하는 것이 중요하다는 이야기를 했습니다. 그렇다면 이를 실천하기 위해서는 어떻게 수업을 들어야 할까요?

먼저 학교 수업만으로 지식을 서로 연결하고 정리하면서 깊이 있게 이해할 수 있는가에 대해 생각해 봅시다. 학생들은 동아리 활동도 하고, 친구들과 놀기도 하고, 이것저것 하고 싶은 일들이 많습니다. 그래서 가능하다면 수업 시간에 공부하는 것만으로 내용을 제대로 이해하고 실력을 쌓고 싶을 것입니다.

솔직히 말해, 그것은 무척이나 어려운 일이 아닐 수 없습니다. 일부 사람들은 선생님의 역량 부족을 탓하기도 합니다. 하지만 아무리 잘 가르치는 선생님이라 해도 수업만으로 학생들을 해당 주제에 대한 깊은 이해로 이끌어가기란 너무나 어려운 일입니다.

앞서 설명했듯, 수업의 중요한 정보 중 20~40% 정도만 기록할 수 있습니다. 게다가 공책에 필기한 내용도 겨우 절반만 기억할 수 있다고 합니다. 수업에서 중요한 정보를 순간순간 포착해서 자신의 지식과 연결하면서 이해하는 일이 그리 쉽지 않다는 사실은 이러한 결과를 통해서도 잘 알 수 있습니다.

지금까지 여러 번 강조했듯, 우리 인간은 새로운 정보가 자신의 지식과 연결될 때 비로소 진정한 의미의 '이해'를 합니다. 그렇지만 학교 수업에서 배운 내용과 연결 지을 수 있을 만큼의 풍부한 지식을 이미 머릿속에 가지고 있는 사람은 그리 많지 않을 것입니다. 그러므로 학교 수업만으로 학생들이 깊은 '이해'를 하기를 바란다는 것은 비현실적인 기대라고 할 수 있습니다.

학생들은 학교에서 수업을 듣고 집에 가서 선생님이 내준 숙제를 합니다. 선생님이 왜 숙제를 내주는지 그 의미를 깊이 생각해 본 적이 없을지 모르지만, 학교에서 배우는 지식을 수업만으로는 익히기 어려우므로 숙제가 필요합니다.

1990년대 일본에서는 숙제를 별로 내주지 않던 시절이 있었습니다. 당시에는 아이들이 여유(유토리)를 갖고 스스로 흥미와 관심을 발전시키는 일에 큰 의미를 두었기 때문에 선생님들이 숙제를 내주지 않았던 것입니다. 하지만 그 결과, 일본 아이들의 학업 능력은 다른 나라에 비해 현저히 떨어졌다는 사실을 여러 국제적인 학력 조사 결과를 통해 알 수 있었습니다. 이 결과를 반영해서 '확실한 학업 능력'의 성취를 목표로 삼게 되었고, 학습을 습관화하기 위해 다시 숙제도 적극적으로 내주게 되었습니다. 학교 교육이 변화하면서 가정에서의 학습 시간도 늘어났습니다.

그러나 가정에서의 학습 시간이 늘어났어도 학업성취도는 크게 개선되지 않았습니다. 특히 내용을 깊이 있게 이해하지 못하면 대처하기 어려운 응용력이 요구되는 문제에서 2020년까지 일본 학생들의 학력이 기대만큼 향상되지 않았습니다.

단순히 숙제를 많이 내주거나 집에서 오랜 시간 공부만 한다고 해서 학업성취도가 높아지지는 않습니다. 가정학습이 학업성취로 이어지기 위해서는 어떻게 해야 할까요? 핵심은 학교 수업과 가정학습을 연계해서 '공부를 반복하면서 지식과 지식을 연결하고 이해도를 높여가는 것'입니다.

우리는 새로운 정보를 자신의 지식과 연결하면서 깊이 있게 이해합니다. 따라서 집에서 공부한 지식을 활용하여 수업 내용을 깊이 있게 이해하고, 동시에 수업에서 이해한

도표 4-2 **학습 사이클과 탐구 사이클**(이치카와 2008)

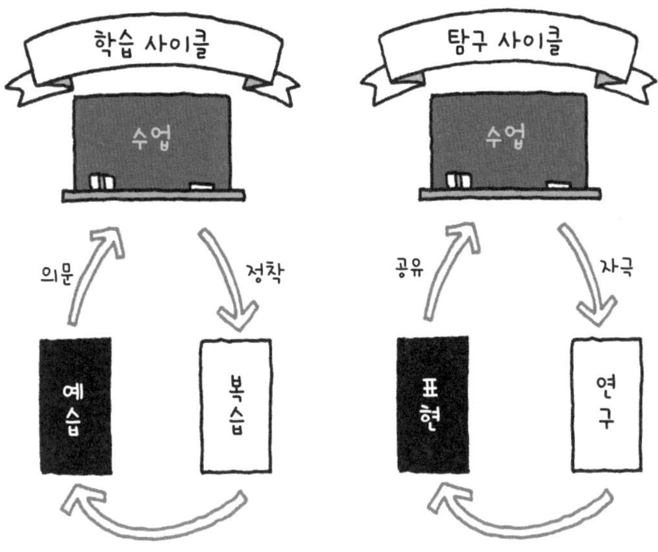

지식을 활용해 가정학습에서 더 깊게 이해해야 합니다.

학교에서 다루는 다양한 내용을 깊이 있게 이해하기 위해서는 도표 4-2와 같이 예습-수업-복습 '학습 사이클'의 각 단계를 착실하게 수행하는 것이 가장 이상적입니다(이치카와 2008). 예습을 통해 수업에서 배울 내용에 대한 대략적인 지식을 갖추고, 수업에서는 예습에서 얻은 지식을 활용해 더 깊게 이해하고, 복습을 통해 수업에서 이해한 내용을 한층 더 깊이 있게 이해하고 확실히 정착시키는 것입니다.

도표 4-3 예습과 복습, 수업의 관계

예습과 복습이 중요하다는 말은 너무 당연하게 들릴 수도 있습니다. 하지만 이 책을 통해 깊은 수준의 이해에 도달하는 메커니즘을 잘 이해한다면 그 중요성을 더 절실하게 느낄 수 있을 것입니다.

지금까지 여러분은 학교에서 여러 수업을 받았습니다. 그때는 미처 의식하지 못했을지도 모르지만, 사실 이 학습 사이클은 수업 속에 녹아있는 경우가 많습니다(도표 4-3).

예를 들어, 초등학교 수업에서는 '도입'이라는 형식으로 수업에서 다룰 내용을 대략 소개하거나 '이번 시간의 목표'를 칠판에 적어놓습니다. 이는 수업을 시작할 때 예습에 해당하는 내용을 미리 알려주는 것입니다.

그리고 수업이 끝날 때 '정리'라는 형식으로 수업에서 배운 내용을 간단히 다시 설명하거나 핵심 내용이 무엇인지 되짚어보는 시간을 갖습니다. 마지막으로 복습에 해당하는 활동을 하는 것입니다. 특히 초등학교 저학년의 수업에는 이렇게 수업 속에 예습과 복습이 포함되어 있습니다(이치카와 2004).

하지만 학년이 올라갈수록 수업에서 다루는 내용이 많아지기 때문에 선생님이 수업 시간에 예습과 복습을 해주기 어렵습니다. 중학교에 올라가면 친절하게 도입과 정리를 해주는 수업은 점점 줄어듭니다. 그때부터 학생 스스로 하는 예습과 복습이 중요해집니다. 이제껏 선생님이 수업 시간에 해주던 예습과 복습을 수업 시간과는 별도로, 주로 가정학습을 통해 직접 해야 합니다.

물론 선생님이 숙제를 내주기도 합니다. 숙제는 수업 시간에 배운 내용을 다시 정리하거나 수업 시간에 배운 내용을 활용하여 문제를 풀게 하는 경우가 많습니다. 사실 학생 스스로 해야 할 복습 활동을 선생님이 '숙제'로 내주는 것입니다. 이렇게 숙제를 내주는 이유는 가정에서의 학습 습관을 길러주고자 하는 목적과 함께 '수업에서 배운 내용을 확실하게 정착시키려는' 목적 때문입니다.

그러나 숙제에만 의존해서는 안 됩니다. 학교를 졸업하고 사회인이 되면 더 이상 숙제를 내주는 선생님은 없습니다. 하지만 업무에 필요한 지식, 생활에 필요한 정보를 배우지 않으면 안 됩니다.

자기가 배우고 싶은 분야에 대한 강연이나 세미나를 찾아 배울 수도 있습니다. 이때 무작정 찾아가 강연을 듣는다고 해서 그 내용을 완벽하게 이해할 수는 없습니다. 강연 전에 강사가 쓴 책을 미리 읽어 보고, 강사가 어떤 일을 해온 사람인지, 강연에서 어떤 이야기를 할 것인지 알아두면 당일 강연을 들을 때 훨씬 더 쉽게 이해할 수 있습니다. 나아가 모르는 부분에 대해서 거침없이 질문할 수도 있습니다.

또 강연을 듣고 난 후, 강연 내용을 나름대로 정리하거나 추가로 조사해서 강연 때 미처 이해하지 못했던 부분까지 제대로 이해할 수 있습니다. 이러한 과정을 통해 자신의 식견을 더욱 넓혀가는 것입니다.

저 같은 연구자들은 학회에 참석해 자신의 연구를 발표하거나 다른 사람의 발표를 들을 기회가 많습니다. 그럴 때 저는 의식적으로 예습과 복습을 하려고 노력합니다. 학회에서는 미리 발표 내용을 요약한 자료를 배포하는데, 저는 발표를 듣기 전에 이 요약본을 읽고 예습합니다. 그러면 발표 내용을 더 깊이 있게 이해할 수 있고, 모르는 부분에 대해 질문할 수도 있습니다. 예습하지 않고 발표를 들으면 자신이 어디까지 알고 어디를 모르는지 파악하기 어려워 질문하기도 어렵습니다.

저는 발표를 다 듣고 나면 발표자의 책이나 논문을 읽어 내용을 더 자세히 확인하거나 다른 관련 연구를 찾아보기도 합니다. 이처럼 예습과 복습을 통해 배움을 깊게 하는 힘, 배움을 넓혀가는 힘은 사회인이 되어 직장이나 사회생활을 충실히 하는 데에도 큰 도움이 됩니다.

이런 습관을 익히기 위해서는 학교에서 하는 공부가 중요합니다. 특히 수업 시간에 '도입'이나 '정리'가 이루어지지 않는 중학교나 고등학교에서는 예습과 복습을 통해 스스로 충실히 공부하는 연습을 해야 합니다. 중고등학교에

서는 교과목도 다양하고 다루는 내용도 많아서 수업과 숙
제를 해내는 것만으로도 벅차겠지만, 학교를 졸업한 후 사
회생활에서도 꼭 필요한 학습 사이클을 미리 연습한다고
생각하고 차근차근 시도해 봅시다.

수업의 질을 좌우하는 예습의 효과

학교에서 이루어지는 여러 교과 공부를 효과적으로 수행하
기 위해서는 예습-수업-복습 사이클에 충실한 것이 기본
입니다. 특히 예습은 흔히 생각하는 것 이상으로 중요한 활
동입니다. 예습이 중요하다는 것은 누구나 상식으로 받아
들이지만, 막상 현실에서는 강조되지 않는 것 같습니다. 영
어 선생님이 '영어 단어 미리 알아 오기', '영문 해석해 오
기' 등의 예습 숙제를 내주는 경우는 종종 있지만, 그 외 교
과목에서는 수업 전에 예습해 오라는 숙제를 내주는 경우
는 별로 없습니다.

그러나 1장에서 소개했듯 우리 인간은 새로운 정보를 받
아들일 때 머릿속에 있는 지식에 따라 사물을 보는 관점이

나 이해도가 크게 달라집니다. 이미 알고 있는 지식과 새로 보거나 들은 정보가 서로 연결될 때 비로소 '이해'한 상태가 됩니다. 그러므로 수업에서 배울 내용에 대해 미리 알아 두는 것은 참으로 중요합니다. 또 수업 시간에 학습 내용을 깊이 있게 이해하지 못한다면 제대로 복습하기도 어렵습니다.

이러한 예습의 중요성을 실감하기 위해 다음 문장을 읽어 보시기 바랍니다.

A는 창구에서 10달러를 계산했습니다. B는 그에게 5달러를 건네려고 했지만, 그는 받지 않았습니다. 그들은 안으로 들어갔고, B는 아이스크림을 두 개 사 왔습니다. A는 아이스크림을 받아 들고 기뻐했습니다.

이 문장이 어떤 내용을 서술하고 있는지 이해할 수 있나요? 이제 다음 세 가지 질문에 답해 보십시오. 단, 위 문장을 다시 읽지는 말아주세요.

(1) B는 몇 달러를 계산했을까요?

(2) A는 아이스크림을 몇 개 먹었을까요?

(3) A는 몇 달러를 계산했을까요?

결과는 어떤가요? 몇 가지 숫자가 머리에 떠오르겠지만 문장의 내용을 제대로 이해하지 못한다면 이 문제들의 답을 알 수 없을 것입니다.

이제 이 이야기가 '영화관 데이트'라는 사실을 알려 드릴 테니, 한 번 더 문장을 읽어 보세요.

어떻습니까? 처음 읽었을 때와는 달리 이제 상당히 깊이 '이해'할 수 있지요? 아마도 두 사람이 주고받는 말이나 동작까지 생생하게 그려낼 수 있을 것입니다.

우리는 이미 영화관은 어떤 장소이며 어떤 행위가 이루어지는지, 데이트 비용을 낼 때 두 사람의 대화는 어떤 식으로 오가는지에 대한 지식이나 이미지를 갖고 있습니다. 그래서 '영화관 데이트'라는 말을 듣기만 해도 머릿속에 있는 지식을 능숙하게 활용해 자신의 지식과 문장의 내용을 연결해서, '왜 B는 A에게 5달러를 건네려고 했을까?(자기 영화비를 계산하려고 했겠지?)', '왜 A는 돈을 받지 않았을까?(영화비를 내주고 싶었을 거야)', '왜 B는 아이스크림을 두 개 사 왔을까?(영화비를 내준 A에게 보답하고 싶었겠지?)'하며 여러 의문의 해답까지 알 수 있습니다.

1장에서는 세탁에 관한 글을 예로 들어 사전 지식의 중요성을 설명했는데, 이 이야기도 우리가 머릿속에 있는 지식을 활용하면서 정보를 이해하고 받아들이고 있음을 보여주는 사례입니다.

여기서는 짧은 문장을 예로 들었지만, 이처럼 수업에서 배우는 내용을 깊이 있게 이해하기 위해서는 예습으로 수업에 관한 지식을 미리 알아두면 상당히 도움이 됩니다. 특히 수업만으로 깊이 있게 이해하기가 어려운 내용일수록 예습은 더 효과적입니다. '교과서를 읽어도 알 수 없을 정도로 어려운 내용이라면 애초에 예습은 불가능해'라고 생각할지도 모릅니다. 하지만 그렇게 어려운 내용을 수업만으로 이해하려고 드는 것이 더 불가능한 일이 아닐까요?

학교 수업에서는 모르는 용어가 연이어 나옵니다. 들은 적도 없고 의미도 모르는 용어가 자꾸 나오는데, 그 너머에 있는 '왜'라는 의문까지 수업 시간 안에 다 이해하기란 쉽지 않습니다. '어떤 용어가 나오는지', '어떤 문제를 다루는지' 미리 예습해야 그 지식을 활용하면서 수업의 세세한 정보와 연결 지어 '왜 그렇게 되는가?'까지 이해할 수 있습니다.

수업을 전혀 이해할 수 없거나 혹은 아는지 모르는지 알쏭달쏭한 상태로 집에서 혼자 복습할 때도 있습니다. 그럴 때 수업과 달리 알기 쉽게 가르쳐 주는 선생님이 옆에 있는 것도 아니니까, '아, 그렇구나!'라는 깨달음을 기대하기는 어렵습니다. 그러므로 먼저 예습으로 수업에서 다룰 내용에 관한 지식을 미리 알고 '이 부분은 잘 모르겠으니 수업 시간에 어떻게든 알아내야지'라는 마음으로 수업에 들어가면 좋을 것입니다.

수업 시간에는 많은 학생이 힘들어하는 어려운 내용에 대해 선생님이 친절하게 가르쳐줍니다. 이 기회를 놓치지 말고, 수업 시간에 확실히 이해하면서 동시에 복습을 통해 제대로 내 것으로 만드는 흐름을 잘 익혀나가길 바랍니다.

재수 시절, 예습의 위력을 알게 되다

조금 이야기가 옆길로 새는 듯하지만, 일반학원이나 입시학원 강사의 수업이 더 쉽게 느껴지는 것은 왜일까요? 물론 학원 강사는 공부를 가르치는 일에 특화된 사람이니까 잘 가르치는 노하우를 많이 알고 있는 것은 틀림없습니다. 지식을 서로 연결하거나 잘 정리하고, 이 책에서도 소개한 '정교화'와 '조직화'를 구사해 수업을 알기 쉽고 매력적으로 만들어 주는 강사님들이 많습니다.

하지만 학원 수업을 듣는 학생들이 '아하, 그런 것이었구나'라는 느낌을 많이 받는 이유는 이미 '학교 수업에서 한 번 배웠기' 때문일 수도 있습니다. 학교에서 이미 배운 내용을 일반학원이나 입시학원 수업에서 한 번 더 깊이 있게 공부하기 때문에 학교 수업이 마치 예습과 같은 역할을 하고, 학원 수업이 중심 학습의 역할을 하기도 합니다.

저는 대학 입시에서 바로 도쿄대에 합격하지 못해 1년 동안 재수를 했습니다. 1년간 입시학원에 다니며 수업을 제대로 이해할 수 있었고 성적도 올랐습니다. 이는 고3 때 착실히 공부했기 때문이라고 생각합니다. 고3 때는 수능 시험 전까지 출제 범위의 공부를 끝내기에 급급해서 내용을 깊이 있게 이해하지 못했지만, 재수하면서 지식이 어느 정도 머릿속에 있는 상태에서 학원 수업을 들었기 때문에,

지식과 지식이 연결되고 '왜 그렇게 되는지' 충분히 이해할 수 있었습니다. 즉, 고3 때의 공부가 '예습' 역할을 해서 재수할 때 입시학원 수업의 효과가 훨씬 더 커졌다고 생각합니다.

중고등학교 시절을 돌이켜보면 저는 평소 예습을 많이 하지 않았고, 시험 전에 복습 위주의 공부를 했습니다. 하지만 미리 지식을 가지고 있으면 수업을 훨씬 더 쉽게 파악할 수 있고, 수업 중에 지식과 지식이 연결되어 더 깊이 있게 이해할 수 있다는 사실을 재수 시절 경험을 통해 알 수 있었으며, 그 이후로는 다양한 상황에서 적극적으로 예습을 활용하게 되었습니다.

그리고 대학원에 진학해 학습에 도움이 되는 심리학 연구를 하려고 마음먹었을 때, '심리학의 관점에서 예습은 효과가 있는 것일까?', '효과적인 예습 방법은 어떤 것일까?'라는 궁금증이 생겼습니다. 그래서 중학생들에게 공부를 가르치면서 예습의 효과를 살펴보았고, 중고등학생을 대상으로 예습에 관한 설문조사를 하고 논문도 썼습니다. 그때 진행했던 예습에 관한 연구 결과를 5장에서 자세히 소개합니다.

자기조절 학습

지금까지 학교에서 배운 내용을 제대로 이해하고, 사회인이 되어서도 효율적으로 공부하기 위해서는 예습-수업-복습의 흐름으로 학습해 나가는 힘을 길러야 한다고 설명했습니다. 그렇다면 예습에서 수업, 수업에서 복습으로 효과적으로 이어가기 위해 어떻게 해야 할까요? 이때 참고할 수 있는 것이 바로 자기조절 학습에 관한 연구입니다.

교육심리학에서는 자기조절 학습(self-regulated learning)이라는 주제로 스스로 공부를 심화하거나 조절할 수 있는 자립적인 학습자에 관한 다양한 연구가 진행되어 왔습니다. 자기조절 학습 연구에서 지향하는 것은 스스로 탐구하며 학습을 설계하고 조절할 수 있는 학습자입니다. 자립적인 학습자는 공부할 때 다양한 종류의 시도와 노력을 기울입니다. 지금까지 설명한 학습전략이 바로 그러한 노력의 결과물입니다.

학습전략과 성적의 관계를 분석하여 어떤 학습전략이 효과적인지, 어떻게 하면 학생들의 학습전략을 바꿀 수 있는지, 효과적인 학습전략을 익히기 위해서는 어떻게 해야 하는지에 대해 많은 연구가 진행되고 있습니다.

나아가 자기조절 학습에 관한 연구에서 중점적으로 다루는 주제는 동기부여, 즉 학습 의욕입니다. 자립적인 학습자는 누가 뭐라 하지 않아도 능동적으로 공부에 몰두합니다. 그래서 연구자들은 어떻게 하면 공부 의욕을 높일 수 있는지를 끊임없이 연구했던 것입니다.

서장에서 소개한 바와 같이 공부하는 이유는 사람마다 제각각입니다. 그래서 공부하는 이유가 공부의 양과 질(학습전략)에 어떤 영향을 미치는지 살펴보았고, 어떻게 유도하면 학습 의욕을 높일 수 있는지에 대한 검토가 이루어졌습니다. 그리고 최근에는 스스로 자신의 학습 의욕을 끌어내거나 높이는 동기부여 조절 전략도 '학습전략'의 하나로 다루어지고 있습니다.

자기조절 학습 연구에서 볼 수 있는 가장 뚜렷한 특징은 학습을 예측, 실행, 평가의 사이클로 파악한다는 점입니다. 우리는 어떤 활동을 할 때 반드시 '예측'을 하고, 실제로 활동을 '실행'한 후, 그 결과에 대해 되짚어보며 '평가'하고 다음 활동으로 이어가는 과정을 수행합니다. 그리고 이 사이클을 반복하면서 자신의 공부를 스스로 조절할 수 있는 자립적인 학습자가 됩니다.

이러한 사이클은 다양한 분야에서 활용되고 있으며, 여러분도 의식하지 못했을 뿐, 아마도 이미 활용하고 있을지도 모릅니다.

이를테면, 중간고사를 앞두고 계획을 세우고(예측), 열심히 공부하고(실행), 시험이 끝나면 그 결과를 보면서 자기가 잘한 부분과 못한 부분을 점검(평가)합니다. 이런 과정이 바로 자기조절 학습에서 말하는 사이클입니다. 그리고 자신의 공부를 평가해 본 결과, 예를 들어 수학 시험에서 삼각함수 공식을 아직 제대로 이해하지 못했다는 사실을 인지하면 '교과서의 삼각함수 부분을 다시 공부하면 성적을 올릴 수 있을 거야'와 같이 다음 공부를 '예측'하고 계획하는 활동으로 이어지는 것입니다.

그리고 앞의 예처럼 '자신의 이해도'를 조절할 수도 있고, '자신의 학습 방법(학습전략)'을 조절할 수도 있습니다. '시험공부를 늦게 시작해서 제때 마무리하지 못했다'고 평가되는 공부 계획이나, '필기 내용을 읽기만 했다'라는 공부 방법을 반성했다면 다음 시험 때는 그 부분을 반영해서 더 나은 계획과 공부법을 실행할 수 있습니다. 이런 방식은 시험을 기준으로 학습 방법(학습전략)을 조절하고 있음을 보여줍니다.

숙제 하나만 보더라도 이 사이클은 중요한 역할을 합니다. 먼저 숙제에 얼마나 시간이 걸릴지, 언제 어디서 할지 '예측'합니다. 실제로 숙제를 다 끝내고 나면 숙제를 제대로 할 수 있었는지, 시간이 얼마나 걸렸는지 '평가'합니다. 만약 '생각보다 시간이 오래 걸려서 잠자리에 늦게 들었다', '내 방에서 하려고 했는데 만화책 읽느라 정신이 팔렸다'는 사실을 깨달았다면, 다음에 숙제할 때는 조금 더 일찍 시작하거나 카페나 도서관을 이용하는 등 자신의 학습을 개선해 나갈 수 있습니다. 이것은 '숙제'를 기준으로 자기조절 학습을 하고 있다는 뜻입니다.

이 사이클은 사회인이 되어서 일을 할 때도 중요합니다. 실제로 이 자기조절 학습의 발상과 개념은 업무 현장에서 'PDCA 사이클'로 잘 알려져 있습니다. PDCA는 Plan(계획), Do(실행), Check(평가), Act(개선)의 머리글자를 딴 말로, 업무를 원활하게 진행하기 위해 매우 중요한 시스템입니다.

예를 들어, 업무를 수행할 때 (1) 목표를 설정하고 어떻게 달성할 것인지 계획을 세우고, (2) 계획을 실행하고, (3) 계획대로 잘 진행되었는지, 만약 실패했다면 왜 실패했는지 평가하고, (4) 앞으로 어떤 대책과 개선이 필요한지 생각하는 사이클을 실행하면 높은 업무 성과를 거둘 수 있다고 합니다.

원활한 학습 사이클에 필요한 메타인지

예측, 실행, 평가의 사이클을 잘 돌리는 능력은 회사 업무를 볼 때도 꼭 필요합니다. 따라서 학교에 다니면서 숙제를 하거나 시험 공부를 할 때 이 사이클을 원활하게 돌리는 능력을 길러두면 사회에 나갔을 때 유용하게 쓸 수 있습니다.

이 사이클을 돌릴 때 항상 관여하는 것이 바로 메타인지입니다. 3장에서 숙제를 잘하지 못하는 학생이 스스로 숙제할 수 있게 하려면 학습 기록을 남기는 것이 좋다는 이야기를 했습니다. 자신의 학습 방법을 기록하면 '점검'을 통해 학습을 '조절'하기가 수월해지기 때문입니다. 훌륭한 학습자는 의식하지 않더라도 자연스럽게 학습 수준을 점검하면서 자신의 학습을 조절합니다. 훌륭한 학습자는 무의식적으로 하는 행동이지만, 이를 의식적으로 하기 위해서는 학습 기록을 남겨서 눈에 보이는 형태로 바꿔야 합니다.

3장에서 소개한 '학습전략 탐구활동'도 이 자기조절 학습에서 말하는 사이클을 염두에 둔 시도라고 볼 수 있습니다. 중간고사를 앞두고 어떤 학습전략으로 공부할 것인지 계획을 세우고, 실제로 시험 공부를 하고, 나중에 시험 결과를 평가하며 학습 방법의 개선을 꾀하는 것입니다.

평소 공부할 때 '수업을 잘 따라가고 있는지', '모르는 부분은 없는지' 등 내용을 이해하는가에만 주목하고, 자신의 공부 방법을 되돌아보며 개선하는 데는 소홀하기 쉽습니다. 그래서 '종합적인 학습 시간'을 이용한 탐구활동의 하나로 자신의 노력을 눈에 보이는 형태로 만들어 학습전략의 개선을 유도한 것입니다.

그렇다면 앞서 설명한 예습-수업-복습을 잘 연계하여 이해도를 높이기 위해서는 어떻게 해야 할까요?

지금까지의 논의에서 볼 때, 예습, 수업, 복습이라는 각각의 학습 활동을 '예측'하고 계획을 세워 공부한 후 '평가'하는 과정이 중요합니다. 업무 현장의 PDCA 사이클처럼 매일 하는 공부도 계획을 세우고, 실천하고, 되돌아보고, 고쳐

나가는 작업의 반복입니다.

특히 ‘예습해 보니 모르는 부분이 있어서 수업에서 그 문제를 해결한다’, ‘수업에서 아직 이해가 안 되는 부분이 있어서 복습을 통해 확실히 파악한다’ 등 예습-수업-복습을 효과적으로 연결하기 위해서는 ‘평가’가 특히 중요합니다. 예습을 하면서 ‘나는 무엇을 이해했는지’, ‘무엇을 아직 이해하지 못했는지’ 평가했기 때문에, 그것이 수업에 대한 예측과 계획으로 이어져 그 수업의 목표가 정해지는 것입니다.

수업과 복습의 관계도 마찬가지입니다. 수업에서 배운 내용을 자기가 얼마나 이해했는지, 아직 모르는 것이 무엇인지 ‘평가’합니다. 그것이 복습을 위한 ‘예측’이 되어 복습으로 원활하게 연결해 줍니다. 스스로 되돌아보는 ‘점검’과 행동을 바꾸는 ‘조절’은 한 묶음입니다. 점검과 평가가 있기에 조절이 가능한 것입니다. 공부했다면 반드시 공부한 내용을 얼마나 습득했는지 바로 ‘평가해 보는’ 습관이 필요합니다.

예습이나 복습을 할 때 주의해야 할 부분, 고민해야 할 부분이 많습니다. 5장과 6장에서는 교과 공부의 구체적인 예와 지금까지의 연구 사례를 소개하면서 예습법과 복습법에 대해 자세히 알아봅니다. 또한 효과적인 예습법과 복습법을 알았다고 해도, 도저히 공부할 의욕이 생기지 않는 과목이나 이해하기 어려운 과목이 있을 수 있습니다. 그럴 때 어떻게 대처해야 하는지, 최소한이라도 해두면 도움이 될 만한 방법은 무엇인지 살펴봅니다.

제5장

학습 효과를
극대화하는
예습법

예습에 대한 흔한 오해

선생님 여러분은 어떻게 예습하고 있나요?

학생 A 뭐, 딱히 특별한 건 없어요. 그냥 어떤 과목이든 다음 수업에서 할 내용을 대충 '쓱' 훑어보는 식이죠. 수업 시간에 할 내용을 머릿속으로 그려볼 수 있을 정도면 되지 않을까요?

학생 B 저는 영어만 예습하는데요. 수업에 나오는 단어의 뜻을 미리 찾아보거나 문장을 나름대로 번역해 보기도 합니다.

학생 C 저는 예습을 딱 한 번 해봤는데요. 어떻게 해야 할지 몰라 결국 포기했어요.

학생 D 수학을 예습하는데, 문제를 풀어 보다가 못 풀겠으면 참고서를 보고 제대로 이해할 때까지 풀어 봐요.

이 네 사람의 예습에 대한 의견을 듣고 여러분은 어떤 생각이 드셨나요? 예습이 중요하다는 사실은 앞 장에서 이미 설명했지만, 과목별로 어떤 예습을 해야 하는지는 곰곰이 생각해 볼 필요가 있습니다. 특히 예습에 관해서는 어떻게 하면 좋을지 사람마다 생각이 상당히 다릅니다. 그 때문에 학생도, 선생님도 예습을 부담스러워하는 경우가 많은 듯합니다. 그래서 우선 예습에 대해 흔히 오해하기 쉬운 몇 가지를 짚고 넘어가겠습니다.

첫 번째 오해는 '예습을 통해 학습 내용을 완벽하게 이해해야 한다'라는 것입니다. 학생 A의 말처럼, 예습의 목적은 '수업에서 무엇을 배울지 예측하는 것', 그리고 '수업을 깊이 있게 이해하는 데 필요한 지식을 갖추는 것'입니다. 수업에서 무엇을 배울지, 어떤 내용을 공부할지 전혀 모르는 상태에서 수업을 듣게 되면 처음부터 끝까지 줄곧 긴장할 수밖에 없습니다. 하지만 그 수업에 대해 예측할 수 있다면, 중요한 내용에 집중해서 수업을 들을 수 있습니다.

따라서 예습 단계에서 학습 내용을 완벽하게 이해할 필요는 없습니다. 그렇게까지 하면 수업을 받는 의미도 없어지고 금세 지루해지게 마련입니다. 어디까지나 수업이 끝났을 때 '확실히 이해했어!'라는 상태가 되는 것이 목표이므로, 예습과 수업을 한 묶음으로 생각해야 합니다.

수업에서 제대로 이해하기 위해서는 미리 예습을 통해 어떤 공부를 할 것인지 살펴보고 수업 내용과 관련된 지식을 대략 파악해 두면 좋습니다. 그러면 수업에서는 '모르는 부분', '주의 깊게 듣고 싶은 부분'에 집중해서 설명을 들을 수 있으므로 이해의 깊이가 달라질 것입니다.

앞서 소개한 학생들의 이야기에서, 학생 D는 예습을 철저히 하니 대단하다고 생각할 수도 있겠지만, 그렇게까지 열심히 할 필요는 없습니다. 학생들은 매일 학교에서 6, 7시간 정도 수업을 받으므로 과목마다 완벽히 이해할 수 있을 때까지 예습하다 보면 수업을 받기도 전에 지쳐버립니다. 수업 전 쉬는 시간 5분 정도만 예습해서 수업의 대략적인 내용만 파악하는 정도로도 충분한 경우가 많습니다.

두 번째 오해는 '모르는데 어떻게 예습을 할 수 있느냐'라는 것입니다. 실제로 "혼자 예습을 해봐야 어차피 모를 테니 굳이 예습시킬 필요가 없다"고 말하는 선생님도 있었습니다. 이는 첫 번째 오해인 '예습을 통해 완벽하게 이해해야 한다'에서 비롯된 문제입니다. 수업에서 배울 때처럼 예습하는 내용을 반드시 이해해야 한다고 생각하기 때문에 혼자 하는 예습은 비효율적이고 학생에 따라서는 불가능할 수도 있다는 오류에 빠지게 됩니다.

거듭 말하지만, 예습 단계에서는 '무엇을 모르는지'를 아는 것이 중요하기 때문에 내용을 이해하지 못해도 괜찮습니다. 그렇지만 수학, 물리, 화학 등 어려운 용어와 수식이 많이 나오는 과목에서는 '배우지 않은 상태에서 이렇게 어려운 내용을 공부하는 건 괴롭다', '모르는 게 너무 많아서 도대체 무엇을 모르는지조차 모르겠다'라고 느낄 수도 있습니다. 하지만 잘 생각해 보십시오. 교과서를 읽어봐도 도무지 이해할 수 없는 어려운 내용이라면, 그 내용을 다루는 수업을 딱 한 번 듣고 이해하는 것은 훨씬 더 어려운 일입니다. 혼자 예습하기 힘든 내용일수록 예습을 통해 수업 전에 조금이라도 익숙해질 필요가 있습니다.

앞에서 학생 C는 예습해도 이해가 안 돼서 포기했다고 말했는데, 이는 정말 안타까운 일이 아닐 수 없습니다. 물론 아무리 교과서를 읽어도 이해할 수 없다면 정말 속상하겠지만, 설령 이해하지 못하더라도 예습을 통해 '이 식의 이 부분이 무슨 뜻인지 모르겠다', '적어도 수업 시간에 이 부분만이라도 주의 깊게 들어 보자'라고 생각하고 수업할 때 적용한다면 조금이라도 도움이 될 것입니다.

세 번째 오해는 예습을 매우 형식적인 것으로 생각한다는 점입니다. 이를테면, '교과서 주요 내용 베껴 쓰기', '교과서 소리 내어 읽기' 등을 예습이라고 생각하는 사람들이 있습니다. 예습에 대한 이런 선입견은 특히 초등학교에서 더 강한 것 같습니다. 예습에서 중요한 점은 다음 수업에서 어떤 내용을 배울지를 알아두는 것이기 때문에, 그 목적이 '베껴 쓰기'나 '소리 내어 읽기' 같은 작업으로 인식되어서는 별 의미가 없습니다.

예습할 때는 제대로 머리를 쓰는 것이 무엇보다 중요합니다. 교과서 내용을 그대로 베낀다면 TV를 보면서도 할 수 있습니다. 하지만 이렇게 해서는 머릿속에 '수업의 이미지'가 그려지지 않습니다. '수업 중 필기하는 시간을 아꼈다'는 정도 이상의 효과를 기대할 수 없습니다. 예습에서 '교과서 베끼기'나 '교과서 소리 내어 읽기'를 하면 그러한 작업 자체에 집중하게 되어 정작 예습에서 필요한 '다음 수업에 대한 이미지 갖기', '수업을 이해하는 데 필요한 지식 갖추기'를 완전히 놓쳐버릴 수도 있습니다.

예습하면 지식의 '왜'까지 이해할 수 있다

실제로 예습에는 어떤 효과가 있을까요? 바로 지식의 '왜'까지 이해할 수 있다는 것입니다. 지금부터 예습의 효과에 관한 제 연구 몇 가지를 소개합니다.

첫 번째 연구는 여름방학에 중학교 2학년 학생들을 대학으로 불러, 5일 동안 학습 강좌를 진행하며 실시했습니다 (시노가야篠ヶ谷 2008).

저는 그때 역사 수업을 담당했습니다. 참가 학생들은 1회 50분씩 4일간 수업을 받았는데, 1회 수업에서 다룬 분량은 교과서 2쪽 정도였습니다. 이 연구에서는 역사 교과서를 읽고 예습을 한 후 수업을 듣는 '예습반', 교과서를 읽고 '왜'로 시작하는 질문을 준비하는 '질문 예습반', 그리고 아무런 준비 없이 수업을 들은 후에 교과서를 읽는 '복습반'으로 학생들을 나누었습니다.

예습반 학생들은 수업 시작 후 5분 동안 교과서 2쪽 분량을 읽으며 예습하고 수업을 받았습니다. 질문 예습반 학생들은 예습반처럼 5분 동안 예습하면서 '교과서만으로는 이해할 수 없었던 부분'에 대해 '왜 ~일까?'의 형태로 질문을 만들어 보는 활동도 함께 진행했습니다. 복습반 학생들은 예습한 두 반과는 활동 순서를 반대로 하여, 수업을 받은 후 5분 동안 교과서를 읽으며 복습하는 시간이 있었습니다.

참고로 이 연구에서는 집에서 예습해 오지 않고 수업 시간에 교실에서 함께 예습하도록 유도했습니다. 집에서 예습해 오게 하면 예습을 하지 않는 학생이 나오기도 해서 '예습의 효과'를 제대로 파악하기 어렵기 때문입니다.

학생들이 학습 강좌에서 배울 내용을 미리 알고 있으면 예습의 효과를 확인할 수 없으므로, 이 연구에서는 학교에서 아직 가르치지 않은 '제1차 세계대전'을 주제로 삼았습니다. 4일간 (1) 전쟁의 배경이 된 제국주의와 각국의 대립 관계, (2) 발칸반도를 둘러싼 대립과 전쟁 발발, (3) 일본의 참전과 시베리아 출병, (4) 전쟁의 종결에 관한 내용을 가르쳤습니다.

모든 수업은 교과서 내용을 바탕으로 하면서 교과서에는 나오지 않은 '왜'까지 다루었습니다. 도표 5-1에 2일 차 수업의 교과서 내용과 수업 내용의 예가 나옵니다. 2일 차 수업의 내용은 제1차 세계대전의 배경이 된 각국의 대립 관

도표 5-1 예습에서 읽은 교과서 내용과 수업에서 설명한 내용

	① 예습에서 읽은 교과서 내용	② 수업에서 설명한 내용
제국주의 국가들의 대립 관계	빠르게 힘을 키운 독일이 (중략) 프랑스, 러시아와의 대립을 심화시키며 오스트리아, 이탈리아와 삼국동맹을 맺자, 영국은 프랑스, 러시아와 삼국협상을 맺어 대항했다.	민족 간 갈등, 점령하려는 식민지의 위치 등 각국이 대립한 이유를 알려주고, 이러한 대립이 쌓여 삼국동맹 대 삼국협상이라는 거대한 대립 관계가 형성되었음을 설명한다.
발칸반도를 둘러싼 대립	발칸반도에서는 세르비아 등 여러 민족이 튀르키예로부터의 독립을 원하고 있었다. 러시아와 오스트리아는 이러한 분위기를 이용해 발칸반도로 세력 확장을 꾀하며 대립했다.	그때까지 발칸반도를 지배하던 튀르키예에서 혁명이 일어나면서 발칸반도 진출을 노리던 오스트리아와 러시아의 대립이 가속화되었다는 흐름을 유럽 지도를 그리면서 설명한다.
세계대전의 발발	사라예보 사건이 일어나자 오스트리아는 세르비아에 선전 포고했고, 러시아는 세르비아 편에 서서 군대를 파병했다. (중략) 이렇게 제1차 세계대전이 시작되었다. 전쟁은 예상을 넘는 장기전으로 발전했고 (중략) 신무기도 사용되었다.	침략을 강행한 오스트리아에 세르비아가 반대했던 이유, 오스트리아와 세르비아의 전쟁 발발 후 러시아가 즉시 세르비아 편에 선 이유에 대해 민족 간의 갈등이나 발칸반도를 둘러싼 분쟁과 연관 지어 설명한다.

계에 관한 이야기였는데, 역사 교과서에는 '독일과 프랑스, 러시아의 대립이 심해졌다', '발칸반도를 둘러싸고 러시아와 오스트리아의 대립이 격화되어 발칸반도는 유럽의 화약고가 되었다', '사라예보 사건이 일어나 제1차 세계대전으로 발전했다'라고 쓰여 있지만, 왜 독일이 프랑스, 러시아와 대립했는지, 왜 발칸반도를 둘러싸고 대립이 격화되었는지, 왜 사라예보 사건이 일어났는지 등은 나와 있지 않습니다. 그런 것까지 세세하게 다루면 교과서가 엄청나게 두꺼워지기 때문입니다.

공부할 때는 지식 하나하나에 대해 '왜'를 이해하고 그 배경을 파악해야만 합니다. 그래서 이 실험 수업에서도 이러한 것들을 수업 시간에 가르쳤습니다. 역사의 '왜'에 대한 이해를 목표로 삼아, 교과서의 흐름을 따라 당시 각국이 차지하려 했던 식민지가 어디인지 알 수 있도록 세계지도를 보면서 설명해 나갔습니다.

이렇게 4일간 수업 전후의 활동을 달리한 세 반에서 진행된 수업에서 이해도의 차이가 있는지를 알아보기 위해 닷새째 되는 날 종합 시험을 치렀습니다. 시험은 두 종류로 준비했습니다. 하나는 일문일답 형식의 '단어 기억 시험'으

	예습반 (n=16)	질문 예습반 (n=16)	복습반 (n=13)
단어 기억 시험 (15점 만점)	6.81 (3.01)	6.62 (3.93)	5.91 (3.20)
인과관계 설명 시험 (30점 만점)	14.68 (4.60)	14.84 (4.83)	11.46 (5.31)

로, '제1차 세계대전 당시 일본이 중국에 요구한 것은 무엇인가?'와 같은 문제를 15문항 출제했습니다. 또 하나는 '인과관계 설명 시험'으로 수업 시간에 배운 '왜'를 설명하게 하는 짧은 서술형 시험입니다. 예를 들어, '영국은 왜 인도를 지배했는가?', '영국은 왜 이집트를 지배했는가?'와 같은 질문에 대해 직접 자기 말로 서술하게 했습니다.

단어 기억 시험은 15점 만점, 인과관계 설명 시험은 30점 만점이었습니다. 이 시험에서 각 반의 평균 점수는 도표 5-2와 같고, 단어 기억 시험에서는 각 반 사이의 점수 차이가 크지 않았지만, 인과관계 설명 시험에서는 예습한 두 반이 복습반보다 더 높은 점수를 받았습니다.

예습을 한 두 반은 교과서를 미리 읽어서 교과서에 나온 지식이 머릿속에 있는 상태에서 수업을 받았습니다. 예습을 통해 '수업에서 어떤 내용을 다룰 것인가'에 대해 예측할 수 있었고, 도표 5-1의 ①과 같은 지식(독일이 프랑스, 러시아와 대립했다는 것, 러시아와 오스트리아가 격렬하게 대립했다는 것 등)을 미리 알고 있었기 때문에, 수업 중에는 예습에서 얻은 지식(도표 5-1의 ①)과 새롭게 들은 내용(도표 5-1의 ②)을 연결하면서, 공부할 때 가장 중요한, 지식의 '왜'까지 이해할 수 있었던 것입니다.

하지만 수업 후에 교과서를 읽은 반(복습반)은 예측이나 사전 지식 없이 갑자기 도표 5-1의 ①과 ②를 모두 다루었으므로 충분히 이해하지 못한 것으로 보입니다.

복습반도 예습한 두 반과 같은 내용의 수업을 받았고, 수업 후에 '교과서 읽기'도 했으니 '학습량'은 비슷합니다. 그런데도 수업의 이해도에는 차이가 났습니다. 여러 번 강조했듯, 우리는 자기가 이미 알고 있는 지식과 연결하면서 사물을 '이해'합니다. 그래서 어려운 이야기, 복잡한 이야기를 제대로 이해하기 위해서는 교과서에 쓰여 있는 내용 정도는 미리 알고 수업에 임하는 것이 좋습니다. 이러한 실험 결과에서 예습을 통해 '왜'까지 이해하는 깊이 있는 학습이 이루어진다는 것을 알 수 있습니다.

예습하면 수업을 듣는 방식이 달라진다

예습을 하면 수업에 대한 이해도가 높아지는 이유는 무엇일까요?

예습하면 수업을 듣는 방식이 달라지기 때문입니다. 예를 들어, 영어 공부에서 단어나 영어 문장의 의미를 미리 알아두면 어떤 도움이 되는지 생각해 봅시다. 이 장의 첫머리에서 학생 B는 영어 공부할 때 '단어의 뜻을 찾아본다', '영어 문장을 나름대로 번역해 본다' 등의 예습을 한다고 말했습니다. 전반적으로 수업에 대한 예습을 많이 하지 않는 현실이지만, 영어만큼은 예습을 많이 하는 것 같습니다. 실제로 가정학습에 대한 조사에서, 영어 선생님이 '단어 뜻 조사하기', '번역하기' 등의 예습을 시키고 있는 것으로 보고되었습니다(네기시根岸 2007). 또 학생들도 수업을 듣기 위한 '사전 준비' 같은 느낌으로 예습을 하는 것 같습니다.

이렇게 예습하면 수업에서 어떤 차이가 생길까요? 이제

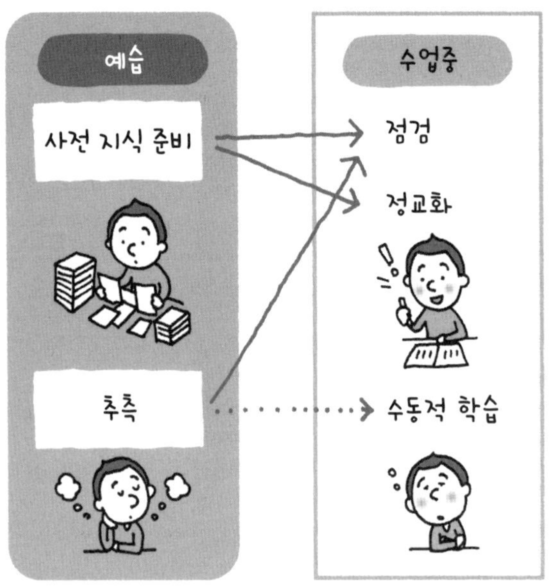

부터 고등학생의 영어 공부 사례를 조사한 제 연구 결과를
소개합니다(시노가야 2010).

고등학생을 대상으로 한 설문조사에서 '단어의 뜻을 찾
아본다', '영문을 나름대로 번역해 본다'와 같이 '사전 지식
준비'라고 할 수 있는 예습과, '단어의 뜻을 나름대로 예상
한다', '영문의 번역을 나름대로 예상한다'와 같이 '추측'이
라고 할 수 있는 예습을 했을 때, 수업을 듣는 방식이 어떻

게 달라지는지를 살펴보았습니다.

아울러 '자신의 이해도나 의문점을 점검하면서 수업을 듣는다'와 같은 '점검'과 '중요한 정보를 공책에 필기한다'와 같은 정교화 전략에 관한 질문 항목도 있었습니다. 한편 '별생각 없이 칠판에 적힌 내용을 공책에 옮겨 적는다' 같은 '수동적' 자세를 묻는 항목도 있었습니다. 분석 결과는 도표 5-3과 같습니다.

도표 5-3의 실선 화살표는 긍정적(촉진적) 영향을 뜻합니다. 화살표 시작점의 점수가 높을수록 화살표 종착점의 점수도 높아졌습니다. 반대로 점선 화살표는 부정적(억제적) 영향을 나타냅니다. 점선 화살표 시작점의 점수가 높을수록 화살표 종착점의 점수는 낮아집니다. 이 도표를 바탕으로 어떻게 예습하면 수업을 잘 받을 수 있는지 알아봅니다.

모르는 것을 확인하며 수업을 들을 수 있다

먼저 '사전 지식 준비'와 '점검' 사이에 실선 화살표가 보이는데, 예습을 통해 '사전 지식 준비'를 해두면 수업 중 '점검'이 늘어나는 것을 의미합니다. 구체적으로는 영어 단어의 뜻을 찾아보거나 영문을 번역하는 등 미리 필요한 지식을 살펴보면 '모르는 부분이 어디인지'를 점검하면서 수업을 받을 수 있다는 뜻입니다.

또 '추측'과 '점검' 사이에도 실선 화살표가 표시되어 있는데, '예습에서 영어 단어나 영문의 의미를 나름대로 추측해 두면 수업 시간에 모르는 부분이 어디인지 확인하면서 들을 수 있다'는 의미입니다.

아울러 '추측'과 '수동적 학습' 사이에는 점선 화살표가 그려져 있습니다. '자기 나름대로 생각하기' 같은 예습을 통해 수업 시간에 '판서만 베껴 쓰기', '설명만 듣기' 같은 수동적 자세가 줄어들고 능동적으로 수업을 받게 됩니다.

지식을 자기 말로 표현할 수 있다

그 밖에도 도표 5-3을 보면 '사전 지식 준비'와 '정교화' 사이에 실선 화살표가 있습니다. 즉, '단어 조사하기', '영문 번역하기' 등의 예습을 해두면 수업 중에 정교화 전략 사용이 늘어난다는 뜻입니다. 여기서 말하는 정교화 전략이란 '자기 말로 바꾸기', '칠판에 적혀 있지 않은 정보 적기' 등을 말합니다.

이 책에서 강조했듯, 자신의 언어로 기록하는 것은 수업 시간에 들은 정보와 자기 머릿속 지식을 연결하지 않으면 불가능한 일이므로, 이는 정교화 전략이라고 말할 수 있습니다. 예습에서 살펴본 내용을 교과서나 공책에 적어두면 수업 시간에 더 많은 정보를 추가할 수 있고, 자신의 번역이 조금 이상하다면 고칠 수도 있습니다. 머리로만 기억하는 것이 아니라 미리 교과서나 공책에 정보를 적어두면, 거기에 점점 더 새로운 정보를 더해가며 꼼꼼하게 공부할 수 있습니다.

실제로 공책 필기에 주목한 연구에서도 예습할 때 썼던 공책을 수업 시간에도 사용하면 그렇지 않은 경우보다 수업할 때 필기량이 늘어난다는 결과를 얻었습니다(키에라, 메이어Mayer 등 1991). 이러한 연구 결과를 통해 예습할 때 영어 번역이나 단어의 의미를 적어두면 수업 중에 나온 새로운 정보와의 연결이 쉬워지고 기록도 더 수월하게 할 수 있다는 사실을 알 수 있습니다.

지금까지 영어 공부에서는 단어나 문장의 의미를 미리 조사해 두는 등의 예습 방법이 권장되었습니다(사카이酒井 2001). 이런 예습 방법은 수업 중 점검과 정교화를 촉진하는 효과가 있습니다. 지금까지 별생각 없이 관성으로 영어 예습을 했던 사람도 이러한 효과를 의식한다면 좀 더 적극적으로 예습할 수 있을 것입니다.

예습하면 질문할 수 있다

수학에서도 비슷한 예습의 효과를 찾을 수 있습니다.

또 다른 연구에서 저는 수학 공부와 관련해 '교과서에서 앞으로 배울 내용을 미리 읽어 둔다', '수업에서 다룰 것 같은 연습문제를 미리 풀어 본다', '왜 그런지 생각하면서 교과서를 읽는다', '교과서에서 모르는 부분에 표시해 둔다' 등 예습에 관한 질문 항목에 자신이 어느 정도 하고 있는지 응답하도록 했습니다. 그리고 그 결과와 수업 듣는 방식과의 관계를 분석했습니다.

이 연구에서는 수업을 듣는 두 가지 방식에 주목했습니

다. 첫 번째는 수업 중에 '교과서 내용을 이해할 수 없으면 질문한다', '풀이법을 잘 모르면 질문한다' 같은 '질문'과 관련된 행위를 얼마나 하고 있는가입니다. 두 번째는 '틀렸을 때는 풀이법도 쓴다', '문제를 풀 때는 연습문제를 참고한다', '선생님이 설명할 때 왜 그런지 생각해 본다', '선생님의 설명에서 중요한 내용은 공책에 적는다' 같은 '정교화'에 관한 것입니다.

앞서 영어 예습에 관한 연구와 마찬가지로, 수학 수업을 듣는 방식과 예습의 관계를 분석한 결과, 예습과 수업에서의 '정교화' 사이에는 긍정적(촉진적) 연관성이 있는 것으로 나타났습니다. 즉, 예습하면 단순히 선생님의 판서를 베껴 쓰는 수동적 학습이 아니라 '왜'를 생각하면서 설명을 듣는 등 깊이 있는 학습이 가능해진다는 뜻입니다. 예습하면 수업 중에 필기를 더 많이 하고, 점검도 쉽게 할 수 있다는 영어 예습 연구의 결과와 비슷합니다.

또한 예습은 수업 중의 '질문'과도 긍정적 연관성이 있었습니다. 무엇을 모르는지 알 수 없으면 수업 시간에 제대로 질문할 수 없습니다. 이미 알고 있는 지식과 눈앞에 있는 정보가 잘 들어맞지 않을 때, 우리는 답답한 마음이 듭니다. 심리학에서는 이 상태를 '인지 부조화'라고 부릅니다. 이러한 답답함을 불편하게 느끼기 때문에 우리는 어떻게든 해소하려고 노력합니다. 이렇게 답답함을 해소하려는 시도가 바로 수업에서 질문하는 것입니다.

내가 알고 있는 지식과 수업 시간에 배운 지식과의 괴리가 질문의 출발점입니다. 거꾸로 말하면, 어느 정도의 지식이 없다면 질문할 수도 없습니다. 지금까지의 이야기를 종합해서 생각해 보면, 예습으로 교과서를 미리 읽고 문제를 풀어 보면 수업 시간에 질문하기 쉬워진다는 사실을 충분히 이해할 수 있을 것입니다.

다른 나라에서 진행된 연구에서도 앞으로 배울 내용과 관련된 지식을 미리 알고 있으면 학습할 때 자신의 이해 상태를 점검하게 된다는 결과가 나온 바 있습니다(아제베두 Azevedo 등 2004). 이 연구에서는 앞서 소개했던 학습전략에 관한 연구처럼 학습하는 도중에 어떤 생각을 하는지를 계속 말로 표현하게 하는 방법(발화사고법)을 사용해 데이터를 모았습니다. 사전에 지식을 전달받은 실험 참가자들은 학습하는 동안 자기가 알고 있는 것과 모르는 것에 대해 많은 이야기를 했습니다. 이는 학습전략의 '점검'에 해당합니다.

이러한 연구 결과는 예습이 '질문'을 더 쉽게 할 수 있도록 도와준다는 의미로 해석할 수 있습니다. 예습으로 다음 수업에 대한 지식을 미리 알고 있으면, 수업을 들을 때 자신의 이해도를 점검하는 작업이 수월해집니다. 그 결과, 답답함을 해소하기 위한 질문을 더 쉽게 할 수 있는 것입니다.

저도 학회나 심포지엄에 참석할 때는 발표자의 자료를 미리 읽어 보려고 노력합니다. 그것은 지금까지 소개한 여러 실증연구의 결과를 알고 있을 뿐만 아니라, 실제로 그렇게 해야 질문하기 쉬워진다는 것을 경험으로 깨달았기 때문입니다.

여러분도 미리 예습하고 수업을 들으면 선생님의 설명이 더 잘 이해되고, 발언이나 질문이 쉬워지는 등 다양한 측면에서 효과를 느낄 수 있을 것입니다. 예습하고 수업을 들었을 때와 예습하지 않고 수업을 들었을 때 어떤 차이가 있는지 비교해 보아도 좋을 것입니다. 만약 예습했을 때 더 이해하기 쉽고, 수업 중 토론에 참여하기 수월하다고 느긴다면 그 방식으로 예습을 계속하면 됩니다. 만약 효과가 없다고 느긴다면, 어떻게 하면 효과를 높일 수 있을지 고민해 볼 필요가 있습니다. 여러분이 다양한 시도와 탐구를 통해 자신에게 맞는 예습법을 터득할 수 있기를 바랍니다.

예습이 효과를 거두려면

지금까지 소개한 연구에서 예습을 통해 수업에서 다룰 내용을 대략 알고 있으면 자신의 이해도를 점검하면서 수업을 들을 수 있고, 수업 중에 '왜'라는 의문을 해소할 수 있게 된다는 사실을 알 수 있었습니다.

하지만 예습하면 저절로 이런 효과를 얻을 수 있느냐 하면 꼭 그렇지는 않습니다. 예습으로 얻은 지식에 대해 '왜 ~하는 걸까?'라는 의문을 품고, 그 의문을 풀기 위해 수업에 집중하지 않으면 이런 효과는 나타나지 않습니다.

앞서 소개한 제 연구(시노가야 2008)에서는 교과서를 읽으며 예습한 결과, 수업 시간에 역사의 '왜'까지 이해할 수 있게 되었다고 설명했습니다. 그러나 이 연구에서 '왜'에 대한 이해를 중요하게 여기지 않는 학생들에게는 예습의 효과가 나타나지 않았습니다.

학습 강좌를 진행하기 전에 설문조사를 통해 학생들의 공부에 관한 생각(학습관)을 조사했습니다. 3장에서 소개한 바와 같이, 학습관 중 '의미 이해 지향'이라는, 공부할 때 지식의 연관성을 이해하는 것이 중요하다고 여기는 사고방식이 있습니다.

공부에 대한 학습관에 따라 예습의 효과는 어떤 차이가 나는지 분석한 결과, 의미 이해 지향이 높은 사람에게는 예습의 효과가 나타났지만, 그렇지 않은 사람에게는 예습의 효과가 나타나지 않았습니다. '왜 그런지' 궁금해하지 않는 사람들은 예습을 해도 깊은 수준의 이해까지는 도달할 수 없다는 사실을 증명합니다.

역사 교과서에서 '영국이 이집트를 지배했다', '러시아와 오스트리아가 발칸반도를 두고 대립했다' 등의 내용을 읽었을 때, '왜 영국은 이집트에 욕심을 냈을까?', '왜 러시아와 오스트리아는 발칸반도를 원했을까?' 같은 궁금증이 생기는 사람이 아니라면 '왜'에 대한 이해에 집중하면서 수업을 들을 수 없습니다.

또 제 연구에서는 단순히 '왜'라는 의문을 품는 것에서 한 걸음 더 나아가 자신만의 답이나 예상을 공책이나 교재에 적어두면 더 효과적이라는 결과도 나왔습니다(시노가야 2011, 2013 등). 이렇게 하면 수업에서 자기의 예상이 맞는지, 정답이나 타당한 설명과는 어떤 차이가 있는지 확인하면서 들을 수 있어서 한층 더 이해가 깊어집니다.

다만, 예습할 때의 예상은 지금까지 배운 내용이나 평소의 경험에서 추측할 수 있는 범위에 국한되기 때문에 반드시 해야 하는 것은 아닙니다. 예를 들어, 수학이나 과학에서 '왜 그렇게 풀 수 있을까?', '왜 그 공식이 성립할까?' 등을 스스로 증명하기는 너무나 어렵습니다. 그런 것들은 선생님이 수업 시간에 알려줄 테니 예습에서 무리하게 혼자 예상하려 하지 말고, '왜 그럴까?' 하는 의문을 품고 거기에 주의를 기울여 수업을 듣는다면 그것만으로 충분합니다.

대충이라도 수업에서 무엇을 할지 미리 아는 것, '왜'라는 질문을 준비해 두는 것은 어느 과목, 어느 단원에서든 충분히 실천할 수 있는 예습일 것입니다.

수학이나 과학이라면 '왜 이런 풀이법으로 답이 나오는 거지?', '왜 이 공식이 성립할까?', 영어라면 '왜 이 단어는 이런 뜻이 될까?', 국어의 소설 지문이라면 '왜 주인공은 이런 말을 했을까?' 등이 수업을 위한 '왜?'라는 물음이 됩니다. 이런 의문을 품고 수업 시간에 집중해서 듣는다면 어떤 내용이든 더 깊이 있게 이해할 수 있을 것입니다.

예습하면 토론이 활발해진다

지금까지는 기본적으로 선생님이 교과서에 명확하게 나와 있지 않은 지식의 '왜'를 알려줄 때 효과를 발휘할 수 있는 예습법을 설명했습니다. 하지만 학교 수업에는 선생님의 일방적인 설명만 있는 것이 아니라, 짝이나 그룹으로 토론하거나 협동해서 과제를 해결하는 시간도 있습니다. 요즘 교육 현장에서는 '대화를 통한 주체적이고 깊이 있는 배움'을 내세웁니다. 선생님들은 이러한 점을 염두에 두고 수업 시간에 학생들이 서로 의견을 주고받을 기회를 제공하고 있습니다.

그렇다면 수업 중의 토론과 예습은 어떤 관계가 있을까요? 이 부분에 대해서는 거꾸로 수업(역진행 수업, flipped learning)에 관한 연구 결과를 참고하면 됩니다. '거꾸로 수업'이란 동영상 등을 통해 기본적인 내용을 미리 학습한 후, 수업 시간에 토론하거나 의견을 교환하며 더 깊이 있게 공부하는 수업 방식을 말합니다.

여기서 소개할 연구는 '콘텐츠 개론'이라는 대학 강의 중 '전자책과 전자출판'을 주제로 한 수업을 바탕으로 조사한 것입니다(시부카와澁川 등 2019). 우선 학생들에게 예습으로 파워포인트 슬라이드를 이용한 설명 동영상을 시청하도록 했습니다. 동영상을 시청할 때 학생들에게 워크시트를 사용하도록 유도했습니다. 이 워크시트가 중요한 역할을 합니다. 지금까지 무언가를 배울 때 자신의 지식과 연결해서 배우면 좋다는 이야기를 반복해서 설명해 왔는데, 이 연구의 예습용 워크시트에는 '자신의 지식과 연결하는 예습'을 할 수 있도록 10개의 설문 문항이 있었습니다. 설문의 구성은 다음과 같습니다.

설문 1~3　자신이 알고 있는 지식을 정리하게 하는 문항. 종이책과 전자책의 장단점을 생각나는 대로 적어보게 한다.

설문 4~7　자신이 알고 있는 지식과 동영상 내용의 차이를 생각하게 하는 문항. 동영상을 시청한 후 알게

된 내용이나 새롭게 깨닫게 된 내용을 작성하게
한다.

설문8~10 알고 있던 지식과 새롭게 알게 된 지식을 종합해
자신의 의견을 정리하게 하는 문항. 향후 전자책
과 전자출판은 어떻게 변화해 나갈 것으로 예상하
는가.

대학생들은 예습 단계에서 이러한 설문에 대한 답을 준
비해 수업에 참여했고, 수업 시간에는 3인 1조가 되어 토론
을 진행했습니다.

이 연구에서 주목한 부분은 토론에서의 '발화의 질', 즉
학생들이 어떤 수준의 토론을 할 수 있게 되었나 하는 점입
니다. 토론의 질은 깊은 발화와 얕은 발화의 두 가지로 나
뉩니다. 깊은 발화란 '가설 세우기', '친숙한 문제에 적용
하기', '설명하기', '논증하기', '연관 짓기'와 같이 깊고 넓
은 이해로 이끄는 중요한 발화입니다. 반면, '바꿔 말하기',
'인정하기', '이름 붙이기' 등의 발화는 대화를 이어가는 데
는 효과적이지만, 깊고 넓은 이해로 이끌지 못하는 얕은 발
화에 속합니다. 이 두 유형의 발화에 주목하면서 각 그룹의

발화를 분석해 보았습니다.

그 결과, 워크시트를 이용해 예습을 한 학생들의 토론에서는 깊은 발화가 많다는 것을 알 수 있었습니다. 실제로 스스로 토론의 핵심 주제를 정하고 가설을 세우고 토론을 진행하는 모습을 엿볼 수 있었습니다.

아울러 자기 의견을 워크시트에 적어 보는 예습은 또 다른 형태로도 도움이 되었습니다. 학생들은 워크시트에 쓴 내용을 서로에게 보여주었습니다. 이를 통해 '예습 단계에서 자기가 생각한 내용과 설문에서 요구했던 내용이 다를 수 있다'는 사실을 알게 되었고, 그 결과 해당 주제에 대해 더 깊이 고민해 볼 수 있었다고 합니다.

이 연구를 통해, 토론 수업을 앞두고 예습할 때는 자기 생각을 미리 준비해 두면 깊은 토론으로 나아가기 쉽다는 사실을 알 수 있습니다. 이 연구처럼 워크시트가 준비되어 있지 않더라도 교과서나 공책에 자신의 예상이나 의문을 적어두면 수업 시간에 도움이 됩니다.

앞서 설명했듯, 중요 사항을 적는 일은 자신의 두뇌 밖에 정보를 기록하는 '외부 기억' 역할을 합니다. 예습할 때 떠오른 생각을 눈으로 볼 수 있도록 적어두면, 수업을 받을 때 그것을 보고 자기 생각을 정리할 수도 있고, 토론할 때 공유할 수도 있습니다. 서로의 의견을 교환하고 토론하는 활동이 수업 중에 활발히 이루어지려면 사전 준비가 필요합니다.

사람들 앞에서 자신의 의견을 말하기를 부담스러워하는 사람은 토론에 적극적으로 참여하기 어렵습니다. 심리학 연구에 따르면, 토론하기 전에 자기 의견을 미리 적어두면 이런 성향의 사람들도 비교적 수월하게 발언할 수 있다는 사실이 밝혀졌습니다(오노다小野田 등 2018 외 다수).

이런 연구 결과들을 볼 때, 수업 중에 원활한 대화와 토론이 이루어지기 위해서는 예습할 때 자기 생각을 눈에 보이는 형태로 남기는 것이 중요하다고 할 수 있습니다.

한 가지 주의할 점은 거꾸로 수업을 위한 예습에서도 동영상을 시청하고 그 내용을 완벽하게 이해하는 것이 본질은 아니라는 점입니다.

이 장의 첫머리에서 설명했듯, 예습할 때 학습 내용을 완벽하게 이해할 필요는 없습니다. 핵심은 수업에서 활용할 수 있는 지식을 미리 알아두는 것입니다. 실제로 시부카와 등의 연구에 참여한 학생들도 워크시트의 설문에 미리 답을 썼던 작업의 효과를 실감하면서, "다른 사람과 토론하기 전에 내용이 정리된 종이(워크시트)를 볼 수 있어서 디바이스나 콘텐츠에 대해 더 쉽게 이야기할 수 있었던 것 같아요"라는 소감을 남겼습니다.

형식적인 예습은 의미가 없다

지금까지 예습에는 어떤 장점이 있는지, 예습의 효과를 얻기 위해서는 어떻게 해야 하는지에 대해 알아보았습니다. 한 가지 기억해야 할 점은 형식적인 예습은 아무런 의미가 없다는 사실입니다. 이 원리는 모든 공부에 적용됩니다.

예를 들어 영어를 예습할 때 '교과서의 문장을 옮겨 적기', 수학을 예습할 때 '문제를 공책에 옮겨 적기'를 꼽을 수 있습니다. '영어 문장을 써 놓으면 문장 전체가 익숙해지고, 수업을 들을 때 필기하기 쉽다', '수학 문제를 공책에 쓰고 어떻게 푸는지 적어두면 수업 시간에 배우는 풀이법과 비교하면서 공부하기 쉽다' 등의 목적이라면 아무 문제가 없습니다. 수업을 더 깊이 있게 이해하기 위해 예습을 활용하는 것이기 때문입니다.

수업을 깊이 있게 이해하기 위해서는 수업에서 다루는 내용의 큰 틀을 파악하고, 유의해야 할 부분을 찾아내야 합니다. 열심히 공부하다 보면 공부하고 있다는 것 자체에 만족한 나머지, 학습 방법을 돌아보고 그 효과를 측정하는 데는 소홀해지기 쉽습니다. 그러지 않으려면 무엇을 위해 그것을 하고 있는지 늘 되새겨 볼 필요가 있습니다.

예습할 때 지식의 '왜'를 중시하지 않는 학생은 수업 중에도 '왜'를 따져볼 마음이 없습니다. 그래서 교과서를 읽고 예습한다 해도 수업 중에 그저 같은 내용을 반복해서 들을 뿐입니다. 그러니 예습을 해도 이해가 깊어지지 않는 것입니다.

어떻게 하면 이런 학생들이 수업 시간에 '왜'라는 질문을 할 수 있게 될까요? 이를 해결하기 위해 저는 학생들이 예습 중에 '왜'라는 질문을 만들게 했습니다(도표 5-1 실험). 이 연구에서는 예습할 때 교과서만 읽는 반 외에 교과서를 읽고 '왜'라는 질문을 만드는 '질문 예습반'도 설정했습니다. 그러나 실험 결과, 의외로 '왜'라는 질문을 만들었던 반에서도 수업 중 '왜'에 대한 이해가 더 깊어지지 않았습니다.

이 반에서는 수업 시작 후 5분간 교과서를 읽고 '왜'로 시작하는 질문을 만들라고 지시했는데, 그 시간 동안 교실을 돌며 학생들이 예습하는 모습을 지켜보니 교과서에서 적당한 문장을 찾아 거기에 '왜'만 갖다 붙이는 모습을 볼 수 있었습니다. 이를테면, '영국은 이집트를 지배했다'라는 문장을 뽑아서는 '왜 영국은 이집트를 지배했을까?'라는 질문을 만드는 식입니다.

이것이 바로 '형식적인 예습'입니다. 질문이란 내가 알고 있는 지식과 눈앞에 있는 정보가 일치하지 않거나 연결되지 않아서 느끼는 답답함의 표현입니다. 교과서 문장에 '왜'를 붙이는 것만으로는 질문이 만들어지지 않습니다.

수업의 전체 흐름을 알기 위해 교과서를 읽고, 수업에서 '왜'를 이해하고 싶어서 예습하는 자세가 중요합니다. 형식에 얽매이지 말고 목적의식을 품고 예습에 임해야 효과적입니다.

어려워하거나 싫어하는 과목은 어떻게 해야 할까?

예습은 수업에서 무엇을 할지 대략 알아두고, 지식의 '왜'에 대한 의문을 품는 정도면 충분하고, '예습을 통해 완벽하게 학습 내용을 이해할 필요는 없다'라고 거듭해서 설명했습니다.

그렇지만 이 정도 예습도 어려워하고 부담스러워하는 사람들이 있습니다. 특히 싫어하는 과목이나 어려워하는 과목에 대해서는 더욱 그렇게 느끼기 쉽습니다. 제 딸은 수학과 과학을 좋아해서 교과서 읽기나 문제 풀기를 전혀 힘들어하지 않는데, 사회 과목만은 유독 싫어하며 학습을 부담스러워합니다. 흥미를 느끼는 분야는 사람마다 다릅니다. 저마다 잘하고 못하는 것, 좋아하고 싫어하는 것이 있습니다. 어떻게 해야 어려워하거나 싫어하는 과목도 예습할 수 있을까요?

교육심리학에서는 '유용성에 대한 감각'과 '부담감'이 학습 행동에 영향을 미친다고 알려져 있습니다(사토佐藤 1998). '유용성에 대한 감각'이란 '이건 도움이 된다, 효과가 있다'라는 감각을 말합니다. 전문용어로는 '인지된 유용성

(perceived utility)'이라고 합니다. 부담감은 '이건 힘들다, 귀찮다'라는 감각입니다. 이를 '인지된 비용(perceived cost)'이라고 합니다. 우리는 유용성을 느끼면 느낄수록 학습 행동을 하게 됩니다.

사람들은 할 만한 가치가 있고 자기에게 의미 있는 행동이라고 생각되면 학습 행동을 합니다. 반대로 부담감을 느끼면 느낄수록 학습 행동을 하려 들지 않습니다. 힘들고 귀찮다는 생각이 들면 누구라도 시작하기 어렵습니다.

다이어트에 비유해 보면 쉽게 이해할 수 있습니다. '복근 운동을 매일 꾸준히 1000번씩 하자!'라는 말을 들으면 선뜻 시작할 엄두가 나지 않습니다. '부담감'이 너무 커서 '도저히 못 하겠어'라며 포기하기 쉽습니다.

예습도 마찬가지입니다. 저는 예습하는 사람과 하지 않는 사람의 차이점을 알아보기 위해 고등학생을 대상으로 설문조사를 했습니다(시노가야 2017). 그 조사에서 예습에 대한 유용성을 느끼는 사람일수록, 그리고 예습에 대한 부담감을 느끼지 않는 사람일수록 예습을 열심히 하는 것을 알 수 있었습니다.

이 결과로 볼 때, 꾸준한 예습을 위한 가장 좋은 방법은 우선 부담감을 줄이는 것, 즉 최대한 실천하기 쉬운 방법으로 예습하는 것입니다.

지금까지 예습을 통해 수업에서 무엇을 배울지 파악하고, 그 과정에서 얻은 지식에 대해 '왜'라는 의문을 품어야 한다고 설명했습니다. 하지만 이 방법이 부담스럽고 힘들게 느껴진다면 '도대체'라는 키워드로 대체해도 좋습니다. '왜'라는 질문은 지식의 근거와 논리를 잡아주어 지식을 정교하게 만들어 줍니다. 한편, '도대체'라는 말은 의문을 자기 말로 풀어내어 재해석하게 만들어 주기 때문에 지식의 정교화가 더 잘 이루어집니다. 정교화라는 같은 목표로 진행되는 활동이지만, '왜'보다 '도대체'가 조금 더 문턱이 낮게 느껴지지 않나요?

수학이나 과학을 공부하다 보면 다양한 용어가 등장합니다. 수학에서 '허수', '등비수열', 물리에서 '질량', '모멘트' 등의 용어가 교과서에 나올 때, '도대체 허수가 뭐지?', '도대체 모멘트가 무슨 뜻이야?' 하고 질문하면 수업 시간에 그 의미에 주목하며 공부할 수 있습니다.

이처럼 단어 하나하나에 주목하는 예습 방법은 제 조사에서도 그 효과가 증명된 바 있습니다(시노가야 2010). 이 조사에서는 영어 단어의 의미를 알아두면 수업에서 '그 단어가 왜 그런 뜻인지', '비슷한 뜻을 가진 단어에는 어떤 것들이 있는지'에 대한 학습으로 잘 연결된다는 것을 알 수 있었습니다.

'도대체'라는 키워드로 예습하고 수업을 들으면 단순히 지식을 머릿속에 채워 넣는 것만 아니라 수준 높은 학습을 할 수 있습니다.

질문을 만들어야 한다는 부담감도 느끼지 않았으면 합니다. 예습에서는 수업의 전체적인 흐름을 짚어보고 특히 눈여겨봐야 할 포인트만 파악하면 되니까, 그저 모르는 부분에 밑줄을 긋는 것만으로도 충분합니다.

포스트잇을 붙이는 방법도 괜찮습니다. 모르는 부분에 포스트잇을 붙이고, 수업에서 의문이 풀리면 바로 떼는 방식으로 규칙을 정해두면 포스트잇을 떼어내는 재미도 느낄 수 있어 예습의 유용성을 실감할 수 있습니다.

예습이라고 하면 학교 공부에만 해당하는 이야기처럼 들리지만, 이미 설명했듯, 학습의 효과를 극대화하는 능력은 직장 생활, 사회생활에도 꼭 필요합니다. 사전 지식을 갖추면 본격적으로 공부를 시작할 때 이해도가 확연히 달라집니다.

어려워하는 과목이나 싫어하는 과목이라면 더더욱 예습을 통해 수업을 좀 더 잘 이해할 수 있도록 노력해야 합니다. 만약 예습이 어렵게 느껴진다면 '왜'가 아니라 '도대체'로 생각해 보거나, 포스트잇을 붙이는 등 자기에게 맞는 예습법을 고민해 봅시다. 이 또한 중요한 '자기조절'입니다.

예습 자체를 목적으로 삼기보다는 '어떻게 하면 더 쉽게 이해할 수 있을까?', '어떻게 하면 더 효과를 높일 수 있을까?'를 생각하며, 스스로 고민하고 탐구하는 자세로 예습에 힘써주시길 바랍니다.

제6장

지식을
정착시키는
복습법

흔한 복습법의 한계

선생님 여러분! 수업을 듣는 것만으로는 배운 내용을 완전히 이해하기 어렵죠? 그래서 복습이 필요한데, 여러분은 평소 어떻게 복습하나요?

학생 A 예습도 그렇지만, 저는 교과서나 공책을 한 번 더 읽어 보는 정도입니다. 대강 훑어보고 눈에 익히는 식이에요.

학생 B 저는 문과라서 수학을 정말 못하는데, 풀지 못한 문제는 모범 답안을 보고 열심히 풀이법을 외워요. 풀이법을 외우면 나중에 숫자만 바꿔서 계산하면 되니까 편하더라고요.

학생 C 저는 영어 단어나 고문 단어(일본에서는 에도시대 이전, 즉 700년경부터 1600년경까지의 문장을 '고문[古文]'이라고 하며, 고등학교 국어 교과의 고전 과목에서 다루고 있다. ─옮긴이) 같은 건 그저 반복해서 씁니다. 반복해서 쓰다 보면 리듬이 생기고 손이 기억하는 것 같더라고요.

학생 D 수학 정도만 복습하고 있는데요. 수업 시간에 했던 문제와 비슷한 문제를 찾아서 '아, 이런 식으로 풀었었지' 하고 기억을 되살려서 다시 풀어 봅니다.

여기서 다시 곰곰이 생각해 봅시다. 복습은 왜 하는 것일까요? 한 마디로 수업에서 배운 내용을 머릿속에 확실히 '정착'시키기 위해서입니다.

아무리 예습을 통해 수업에 집중하고 깊이 있는 학습을 했더라도, 그것만으로 배운 내용이 완벽하게 정착되지는 않습니다. 4장에서도 설명했듯, 학습은 한 번에 이루어지는 것이 아니라 예습-수업-복습의 사이클을 통해 점점 더 깊어집니다. 따라서 수업에서 배운 것을 확실히 습득하기 위해서는 제대로 복습해야 합니다.

여기서 중요한 것은 '제대로' 복습해야 한다는 것입니다. 수학 복습을 할 때 흔히 하는 방법이 '풀이법을 외우는 것'입니다. 앞의 학생 B처럼 수학이나 과학을 잘 못하는 사람이 이 방법을 많이 사용합니다. 수학이나 과학을 잘 못하는 사람들은 애초에 원리를 이해하는 것 자체가 어렵습니다. 그래서 모범 답안을 외우는 방법이 더 편하다고 생각하는 그 마음도 충분히 이해할 수 있습니다.

비슷한 예로 "열심히 공부하는데도 성적이 잘 오르지 않아요"라고 말하는 학생에게 어떤 방법으로 공부하는지를 물어보면, 빨간 펜으로 쓴 모범 답안을 빨간 반투명 시트로 가리며 외운다고 대답하는 경우가 많습니다. 당연하게도 이런 공부법은 응용력이 떨어지기 때문에 똑같은 유형의 문제는 풀 수 있지만, 문제를 조금만 변형시켜도 풀 수가 없습니다. 이런 식으로 복습하는 것은 '제대로' 된 복습이 아닙니다.

또 하나, 복습할 때 흔히 하는 공부법 중에 '무조건 반복하기'가 있습니다. 지식이나 기술은 반복을 통해 비로소 정착한다고 생각하는 사람이 적지 않은 것 같습니다. 중학생이나 고등학생들에게 공부를 가르치다 보면 학생 C처럼 '계속 쓰고 반복해 말하면서 몸에 배게 한다'는 말을 자주 듣습니다.

물론 안 하는 것보다는 하는 것이 좋지만, 우리의 정보처리 구조상, 단순히 반복해서 외우는 방법보다는 자기가 알고 있는 지식과 연결하거나 정보를 정리하는 방법이 훨씬 더 외우기 쉽고 기억하기도 쉽다는 사실은 지금까지 계속 설명해 왔던 바와 같습니다.

하지만 시험 전에 시험 범위 내의 학습 내용을 정리하기 위해 공부할 때는 그렇게 할 수도 있겠지만, 매일 하는 공부에서 자기 말로 공책에 요약하고 정리하기란 너무나 어려운 일입니다. 그래서 이 장에서는 심리학의 관점에서 수업 시간에 배운 지식을 정착시키기 위해 쉽게 실천할 수 있는 효과적인 복습법을 소개하려고 합니다. 우선 문제를 풀었던 경험을 살려 그와 비슷한 문제를 풀 수 있게 해주는 복습 방법을 소개합니다.

문제를 풀 수 있게 되려면

수학이나 과학 공부에서 흔히 쓰는 '풀이법 외우기'는 그다지 좋은 방법이 아님을 앞에서 설명했습니다. 어차피 문제 수만큼 많은 풀이법을 외우는 것은 불가능하기 때문입니다. 몇 가지 유형의 문제 풀이법을 외운다고 해도 적용할 수 없는 응용 문제가 너무 많습니다.

그렇다면 수학이나 과학처럼 문제를 푸는 유형의 공부는 어떤 방법으로 복습해야 할까요? 여기서 핵심은 '생각하는 요령’과 ‘문제의 포인트’를 파악하는 일입니다. 이를 실감할 수 있도록 유명한 실험을 소개하겠습니다(긱Gick, 홀리오크Holyoak 1983). 연구자들은 다양한 문제로 실험했지만, 여기서는 그중 널리 알려진 두 가지 문제를 예로 들어 설명합니다.

어느 나라의 한가운데에 있는 요새를 공격하려고 하는데, 요새로 통하는 모든 길에는 지뢰가 매설되어 있고 대규모 군대가 지나가면 폭발하는 구조로 설계되어 있다. 지뢰를 터뜨리지 않고 요새를 무너뜨리려면 어떻게 해야 할까?

여러분이라면 이 문제를 어떻게 해결할 수 있을까요? 참고로 공군을 투입하거나 땅굴을 파서 들어가는 것은 반칙입니다. 어디까지나 땅 위의 길을 통해 공격해야 합니다.

이 ‘요새 문제’의 답은 ‘사방팔방에서 소규모 군대를 보내 요새 쪽에 집결시키면 된다’입니다. 소규모 군대라면 지뢰가 작동하지 않을 것이고, 사방팔방에서 동시에 공격하면 적의 군대도 분산되어 쉽게 반격할 수 없을 것입니다.

이 요새 문제와 그 해법을 읽게 한 후, 다음과 같은 문제를 풀어 보게 했습니다. 이 문제는 방사선 문제라고 부릅니다.

암세포를 파괴하기 위해서는 강력한 방사선을 쬐어야 한다. 하지만 강력한 방사선을 쬐면 중간에 있는 건강한 세포까지 손상된다. 건강한 조직을 망가뜨리지 않고 암세포를 파괴하려면 어떻게 하면 될까?

이 문제는 어떻게 해결해야 할까요? 항암제를 투여하는 등 방사선 이외의 치료법을 사용하면 안 되고, 반드시 방사선을 사용해야 합니다. 이 방사선 문제의 답은 '여러 방향에서 약한 방사선을 암세포 쪽으로 집중시켜 쏘는 것'입니다. 이렇게 하면 중간에 있는 건강한 세포를 손상하지 않고 정밀 조준으로 암세포 쪽에만 강한 방사선을 쪼여 종양을 파괴할 수 있습니다.

이 두 문제가 비슷한 구조로 되어 있다는 사실을 알아차리셨나요? 각각 단독으로 질문했을 때는 해결 방법이 쉽게 떠오르지 않았을 수도 있습니다. 이 실험에서는 요새 문제를 포함한 다양한 문제를 풀게 했는데, '요새 문제와 그 해결 방법을 자기 말로 정리하는 조건'과 '요새 문제와는 다른 유형의 문제를 자기 말로 정리하는 조건'으로 나누고, 그 후 방사선 문제를 풀게 한 뒤 결과를 비교했습니다. 이러한 비교를 통해 방사선 문제 해결의 난이도가 달라지는지 알아본 것입니다.

두 조건에서 방사선 문제의 정답률을 비교한 결과, 요새 문제의 해결 방법을 자기 말로 정리한 조건에서는 많은 사람이 방사선 문제의 답을 맞혔습니다. 반면, 전혀 다른 유형의 문제를 자기 말로 정리한 조건에서는 정답률이 낮게 나타나, 두 조건 사이에 큰 차이를 보였습니다.

심리학에서는 과거의 사례를 새로운 사례에 대입해 생각하는 것을 '유추(Analogy)'라고 합니다. 이 실험 결과는 문제의 특징을 자기 말로 정리해 두면 유추가 쉬워져서 비슷한 문제가 출제되었을 때 수월하게 풀 수 있다는 사실을 보여줍니다.

단순히 '문제 내용을 자기 말로 정리하는 방법'이 효과적이라면, 요새 문제와 다른 유형의 문제를 자기 말로 정리한 조건에서도 방사선 문제를 맞힐 수 있었을 것입니다. 그러나 실제로는 요새 문제 이외의 문제를 자기 말로 정리한 조건에서 정답을 맞힌 확률은 낮았습니다.

이 실험 결과에서 우리가 복습 방법을 고민할 때 중요한 실마리를 얻을 수 있습니다. 바로 이전에 비슷한 문제를 풀었던 경험을 바탕으로 유추하면 새로운 문제를 더 쉽게 풀 수 있다는 것입니다.

이렇게 유추를 쉽게 하기 위해서는 어떤 유형의 문제인지, 어떻게 생각하면 풀 수 있는지 등 문제의 특징을 자기 말로 정리해 둘 필요가 있습니다. 이것이 바로 '생각하는 요령'과 '문제의 포인트'를 파악하는 일입니다.

아울러 긱과 홀리오크의 연구에 따르면, 비슷한 형식을 가진 '여러' 문제를 접하는 것이 요령을 정리하는 데 더 효과적이라고 합니다. 즉, 여러 문제를 풀어 충분히 연습한 뒤 '이런 유형의 문제는 이렇게 생각하면 효과적이다'라는 요령을 파악해 두면 유추를 더욱 쉽게 할 수 있습니다.

당연히 하나의 문제만으로는 요령이나 포인트를 파악하기 어렵고, 또 그것을 다른 문제에 적용할 수 있을지 확실하지 않습니다. 따라서 비슷한 문제를 여러 개 풀고 나서 그 문제들의 공통된 특징과 포인트를 정리해 두면, 다른 유사한 문제에 적용할 때 자신 있게 답할 수 있습니다.

‘포인트를 파악해 두면 비슷한 문제를 쉽게 풀 수 있다’
는 말은 당연한 것 아닐까요? 하지만 긱과 홀리오크의 또
다른 실험에서 요새 문제와 그 해결 방법을 읽기만 한 조건
에서는 방사선 문제의 정답률이 낮게 나왔습니다. 요새 문
제와 그 해답을 읽었음에도 비슷한 형태의 방사선 문제를
풀지 못했다는 사실은 우리가 의식적으로 문제의 포인트를
파악하려고 노력하지 않으면 유추를 통해 제대로 사고할
수 없음을 의미합니다.

지금까지 설명한 ‘풀었던 문제에서 다른 문제에도 적용
할 수 있는 포인트를 끌어내는 것’을 교육심리학에서는 ‘교
훈 귀납(lesson Induction)’이라고 부릅니다. 특히 수학이나
과학 문제를 풀지 못했을 때 단순히 답을 베끼거나 풀이를
통째로 외우는 것이 아니라, 자기가 풀었던 문제를 되짚어
보고 ‘어떤 유형의 문제인지’, ‘이런 문제를 풀기 위해서는
어떻게 생각해야 하는지’ 살펴보는 교훈 귀납을 활용할 필
요가 있습니다.

'교훈 귀납' 연습

지금까지 이미 풀었던 문제를 통해 다른 문제에도 적용할 수 있는 포인트, 즉 교훈을 끌어내는 것이 중요하다는 설명을 했습니다. 이 교훈에는 적어도 두 종류가 있습니다.

첫 번째는 문제에 대한 교훈입니다. '이런 유형의 문제를 풀려면 어떻게 생각하면 될까?'라는 교훈은 문제 하나하나에 대한 교훈입니다. 이를테면, '이런 문제는 보조선을 그려서 합동인 삼각형을 만들면 풀 수 있다'라는 식입니다.

두 번째는 '자신의 약점'이나 '공부 방법'에 관한 교훈입니다. 이를테면, '내가 이걸 몰라서 풀지 못했구나', '계산 실수를 많이 하니 연습이 필요해'라는 교훈을 끌어낼 수 있습니다. 이러한 교훈은 공부 방법을 개선해 나가는 데 큰 도움이 됩니다.

하지만 이러한 교훈 귀납을 잘 활용하기란 쉽지 않습니다. 공부를 잘하는 사람은 '생각하는 방법이나 푸는 요령', '자신의 약점' 등을 되돌아보고 다음 공부에 활용할 수 있지만, 그런 경험이 없는 사람은 시도해 보아도 교훈을 제대로 끌어내지 못하는 경우가 많습니다.

교육심리학에서는 학습 방법을 익히려면 (1) 방법을 배우고, (2) 방법을 따라 하고, (3) 혼자서 해보고, (4) 다양한 상황에서 활용하는 네 단계를 거쳐야 한다고 알려져 있습니다(짐머만, 셩크 2011). 특히 중요한 단계는 (1)과 (2)입니다. 좋은 방법 자체를 배우는 것도 중요하지만, 방법을 배웠다고 해도 바로 사용할 수가 없으므로, 좋은 본보기를 많이 보고 따라 하면서 연습해야 합니다. 이러한 방법은 앞서 말한 교훈 귀납을 익힐 때도 마찬가지입니다.

제가 대학원 시절 속했던 연구실에서는 연구자들이 직접 학생들에게 공부하는 방법을 알려주는 '학습법 강좌'를 진행했습니다. 저는 지금도 여러 학교에 가서 공부하는 방법을 가르치고 있습니다. 그중 '문제를 풀 수 있게 되려면'이라는 강좌가 있습니다. 이 강좌에서 가르친 것이 바로 교훈 귀납입니다.

방법을 소개하는 것만으로는 학생들이 교훈 귀납을 잘 활용하지 못했습니다. 그래서 강의에서는 '교훈 귀납의 중요성을 깨닫게 하는 활동'을 먼저 하고, 그 후에 반드시 '다양한 구체적 사례 보여주기'와 '활용하는 연습하기'를 진행했습니다.

　교훈 귀납의 중요성을 깨닫게 하는 활동으로 앞서 소개한 요새 문제나 방사선 문제를 풀게 했습니다. 먼저 요새 문제를 스스로 풀어 보게 한 후 답을 알려주고 '작은 힘으로 나눠서 보낸 후 다시 모으면 된다'라는 '생각의 포인트'를 짚어 주었습니다. 그런 다음 방사선 문제를 생각해 보게 했습니다. 핵심 포인트를 파악해 두면 비슷한 구조의 문제를 만났을 때 훨씬 수월하게 생각할 수 있다는 것을 경험하게 했습니다.

　시간 여유가 있을 때는 교실을 반으로 나누어 간단한 실험을 해보았습니다. 요새 문제의 답지를 학생들에게 나눠 줄 때, 왼쪽 절반의 학생들에게는 '작은 힘으로 나눠서 가운데로 모으면 된다'라는 포인트를 적어놓았지만, 오른쪽 절반의 학생들에게는 그 포인트를 적어놓지 않았습니다. 학생들에게는 이 사실을 비밀로 하고 방사선 문제를 풀게 했습니다. 나중에 방사선 문제를 맞힌 사람에게 손을 들어 보라고 했더니 당연하게도 왼쪽에 정답자가 더 많았습니다. 이 사실을 확인하고 나서 학생들에게 그 비밀을 알려주었습니다.

　이런 식으로 '생각하는 요령'을 알아두면 문제 풀이가 쉬워진다는 사실을 학생들과 함께 확인하고, 평소에 공부할 때도 요령과 포인트를 잘 파악해 두는 것이 중요하다고 설명해 주었습니다.

'다양한 구체적 사례 보여주기'와 '활용하는 연습하기'에 해당하는 활동으로는, 실제 수학 문제의 오답 예시를 나눠 주며 어떤 실수를 하고 있는지 생각해 보게 했습니다. 그리고 이런 경우 어떤 포인트를 적어두면 좋을지 그룹별로 나누어 고민해 보도록 했습니다.

이처럼 교훈 귀납을 익히기 위해서는 단순히 그 방법을 아는 것뿐만 아니라, 다양한 구체적 사례를 살펴보면서 교훈을 끌어내는 연습을 꾸준히 해야 합니다.

개인별 맞춤 훈련

교훈 귀납에 대한 또 다른 연구 결과를 소개합니다. 이 연구는 중학교 2학년 학생에게 개인지도를 하면서 교훈 귀납을 가르친 사례입니다(우에사카植阪 2010).

중학교 1학년 중반까지는 공부를 많이 하지 않아도 어느 정도 성적을 받을 수 있었던 학생이었습니다. 그런데 수학 성적이 떨어지기 시작했고, 2학년 여름방학 전 기말고사를 대비해 열심히 공부했지만, 성적은 더 떨어지고 말았다고 합니다.

이 논문을 쓴 연구자가 그 학생에게 어떻게 공부하는지를 물었더니, "그냥 어떻게든 문제를 많이 풀어 보려고 했어요"라고 대답했습니다. 실제로 사용하는 교과서나 공책을 살펴보니 틀린 문제에 아무런 표시도 하지 않았고, 문제를 풀고 난 후 '되짚어본' 흔적도 보이지 않았습니다. 그 학생은 "채점 표시를 하지 않을 때도 있고, 틀린 이유 따위 별로 신경 쓰지 않아요"라고 말했다고 합니다.

그래서 교훈 귀납을 사용할 수 있도록 틀린 이유 등의 교훈을 끌어내어 적어보도록 제안했습니다. 실제로 지도할 때는 한 문제 한 문제마다 '왜 틀렸는지', '어떻게 하면 좋았을지' 등에 대해 연구자가 가르치기보다는 학생 스스로 끌어내도록 유도했습니다.

이런 연습을 계속해 나가던 중에 '이항하지 않고 계산했다'라고 공책에 남겨둔 기록을 발견했습니다. 이런 식으로 자신의 약점을 알아차리게 되었던 것입니다. 1~2주에 한

도표 6-1 학생이 공책에 남긴 기록(우에사카 2010)

[그래프를 그리자!!]

문제 9

① $\frac{1}{3}x+3$　　※ 직선 식 $y=ax+b$
　　　　　　　　　　ㄴ(축 부분)

　　　　　　　　　　　　　　　　　변화의 비율
　　　　　　　　　　　　$\frac{y의\ 증가}{x의\ 증가}=구=걸$

② $-2x+?+1$　　※ 틀린 이유는 그래프에서 절편을 보지 않았기 때문.

③ $-\frac{1}{3}x-?-3$　　※ 틀린 이유를 모르겠으니 선생님께 여쭤보자!!

번씩 이렇게 지도했고 3회차가 되었을 때, '이렇게 하니 실력이 느는 것 같다', '지금까지는 공책에 정리하는 게 귀찮고 싫어서 그냥 문제만 계속 풀어서 어떻게든 해결해 보려 했는데, 이 방법이 더 효과적인 것 같다'라는 말까지 들을 수 있었습니다.

이 연구에서는 교훈 귀납의 중요성과 효과를 직접 체감하는 모습을 볼 수 있었지만, 앞서 설명한 것처럼 학생 스스로 좋은 교훈을 끌어내기란 쉽지 않습니다. 도표 6-1은 평소 공부하는 동안 학생이 공책에 적은 기록입니다. 이 시점에는 아직 '틀린 이유를 모르겠으니 선생님께 여쭤보자!!'와 같은 내용도 볼 수 있습니다. 그래서 가르치는 사람도 함께 개선점을 고민하면서, 학생이 '생각의 포인트'를 잡는 연습을 계속할 수 있도록 지도해야 합니다.

이 학생을 지도하기 시작한 지 2개월이 지났을 무렵에는 틀린 문제를 다시 되짚어보는 시간을 갖기도 했습니다. 이러한 지도 결과 평균 점수보다 20점 정도 낮았던 성적이 평균 점수보다 높아졌습니다. 또 교훈 귀납으로 공부한 수학뿐만 아니라 과학 공부를 할 때도 '틀린 이유', '생각의 포인트' 등을 적극적으로 기록하는 습관이 생겼습니다. 이처럼 교훈 귀납을 이용하면 문제를 쉽게 이해할 수 있다는 사실을 확실히 실감하는 모습이었습니다.

효과가 있는 것은 틀림없지만, 교훈 귀납을 사용하여 공부를 시작한다고 해서 바로 능숙하게 포인트를 파악할 수는 없습니다. 중2 학생 개인지도 사례에서도 알 수 있듯, 처음에는 선생님과 함께 고민하고, 어떤 실수를 했을 때 어떤 포인트를 적어두면 좋을지 배워나가는 것이 좋습니다. 하지만 계속 선생님에게 의존할 수는 없으니, 직접 포인트를 적어보고 선생님이나 친구들에게 피드백을 받는 노력을 해나가야 합니다.

약점이나 공부법에 대한 교훈

앞서 참고한 논문에서는 문제 하나하나에 맞춰 생각의 포인트를 잡을 수 있도록 연습하는 과정을 소개했습니다. 문제를 풀 때는 자기가 어떤 부분에서 어려움을 느끼는지, 평소 공부하는 방식에 문제가 있는 것은 아닌지 점검해 보는 것도 중요합니다. 이러한 문제점을 쉽게 파악하기 위해서는 문제를 풀 때 우리 머릿속에서 이루어지는 작업의 흐름을 알아두면 도움이 됩니다.

여기서 수학 문제를 풀어나가는 과정을 도표 6-2를 바탕으로 설명합니다(이치카와 등 2009).

제시문이 있는 수학 문제를 푸는 과정은 크게 '문제를 이해하는 단계'와 '문제를 해결하는 단계'로 나뉩니다. 각 단계를 조금 더 세분화하면, 문제를 이해하는 단계는 '문장 하나하나 이해하기', '문제 상황 이해하기'이며, 문제를 해결하는 단계는 '공식 세우기', '계산하기'로 나뉩니다. 제시문을 읽고 답을 내기 위해서는 우리 머릿속에서 이러한 작업이 순서대로 진행됩니다.

이렇게 사고의 흐름이 명확해지면 각 단계의 해결을 위

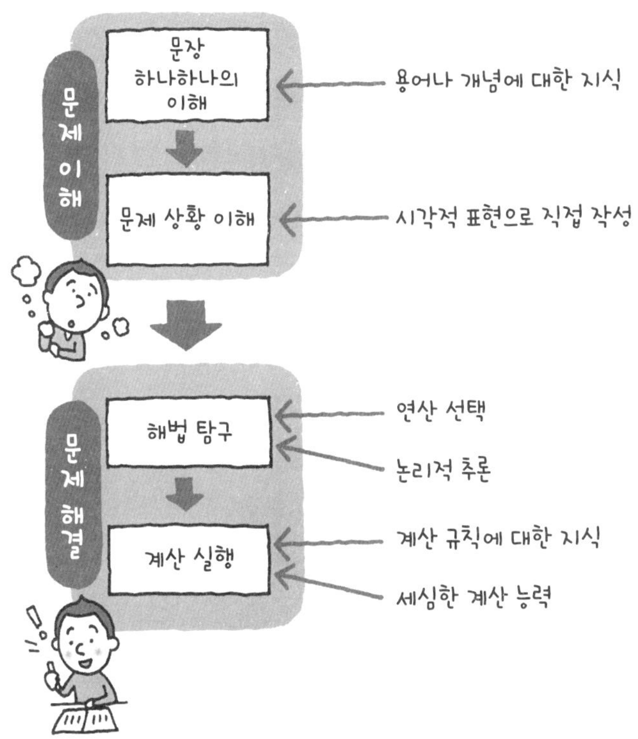

해 무엇이 필요한지 눈에 보입니다. 제시문 문장 하나하나를 이해하기 위해서는 수학 용어와 개념에 대한 지식이 필요합니다.

평소에는 잘 의식하지 못할 수도 있지만, 수학에는 특

별한 용어가 자주 나옵니다. 이를테면 '비례'나 '수직이등분선' 같은 용어를 모르면, 그 단어가 제시문에 나오는 순간부터 속수무책입니다. 이처럼 제시문에 나온 용어나 개념이 무엇을 가리키는지 몰랐다면 '용어의 의미를 몰랐다'라는 교훈을 끌어낼 수 있습니다. 이 경우, 공부할 때 주의할 점으로 '모르는 용어가 나오면 그 의미를 제대로 파악한다'와 같이 공부법에 대한 포인트를 적어두어도 좋습니다.

다음은 '문제 상황을 이해하는' 작업입니다. 아무리 문장 하나하나의 의미를 알았다 하더라도 그 문제를 완전히 '이해'한 것은 아닙니다. 지금 알고 있는 것은 무엇이며, 모르는 것은 무엇인지 등 문제 상황을 제대로 파악해야 비로소 문제를 '이해'했다고 말할 수 있습니다.

이 단계를 넘어서려면 어떤 지식과 능력이 필요할까요? 바로 시각적 표현, 즉 '도표 그리는 능력'입니다. 예를 들어, A와 B의 속도와 시간에 관한 문제라고 한다면, A와 B가 어느 시점, 어느 위치에 있는지를 그림으로 그릴 수 있어야 상황을 이해했다고 말할 수 있습니다. 규칙에 따라 도형을 배열할 때 둘레 길이를 구해야 하는 문제라면 도형의 수와 둘레 길이가 어떻게 변화하는지 규칙을 찾아내야 합니다. 이를 위해서는 도형의 수와 둘레 길이의 변화를 표나 그래프로 정리할 수 있어야 합니다.

문제 상황을 이해하려면 직접 손을 써서 이미지를 그려야 합니다. 문제를 앞에 두고 팔짱 끼고 끙끙대고만 있으면 문제를 풀 수 없습니다. '생각'하기 위해 머리만 쓰면 된다고 생각하고 손을 움직이지 않으면 생각을 제대로 발전시키기 어렵습니다.

직접 손으로 그림이나 표를 만들다 보면 어느새 문제 푸는 방법이나 답이 보일 때가 있습니다. 그만큼 손을 움직여 그림이나 표를 그려보는 것이 중요합니다. 문제를 아무리 많이 풀어봐도 도통 답을 찾지 못하는 사람들을 보면, 손을 움직이면서 생각하는 습관이 몸에 배어 있지 않은 경우가 많습니다.

세 번째는 문제 상황을 파악하고 공식을 세우는 단계입니다. 이를 위해서는 어떤 경우에 곱해야 하는지, 어떤 경우에 나눠야 하는지 등 연산을 올바르게 선택하는 능력이 필요합니다.

아울러 이 단계에서는 공식에 대한 지식도 필요합니다.

문제 상황을 이해하고 풀이 과정을 파악했더라도 공식을
몰라서 틀리기도 합니다. 가령 그림을 그려보고 '이 문제에
서는 큰 원뿔에서 작은 원뿔을 빼면 되겠구나'라고 깨닫더
라도, 원뿔의 부피를 어떻게 구해야 하는지 모르면 공식을
세울 수가 없습니다.

끝으로 공식을 세우고 나서 '계산'하는 작업이 있습니다.
식을 세웠다면, 이제 정확하고 빠르게 계산하는 일만 남았
습니다. 그러기 위해서는 먼저 기본적인 연산 규칙(괄호 안
을 먼저 계산한다, 곱셈과 나눗셈은 덧셈과 뺄셈보다 먼저 계산한다
등)을 확실히 알고 있어야 합니다.

자칫 놓치기 쉬운 부분인데, 이 단계에서는 계산을 꼼꼼
하게 해야 합니다. 예를 들어 '9+9+9+9+9'를 계산할 때
일일이 더하는 사람은 없을 것입니다. 머릿속으로 '9×5'로
바꿔서 45라는 답을 얻을 것입니다.

한편, '43×8+25×8'을 계산할 때는 분배 법칙을 이용해
계산하면 좋을 것입니다. 먼저 43+25를 계산한 다음 8을
곱하면 더 쉽게 답을 구할 수 있습니다. 한정된 시간 안에
문제를 풀기 위해서는 연산 규칙을 잘 활용해 빠르고 정확
하게 계산하는 능력이 필요합니다.

제시문이 있는 수학 문제를 풀 때, 이러한 흐름을 염두에 두고 문제를 풀면, 틀렸을 때 어디에서 막혔는지 알기 쉽고, 평소 자주 범하는 실수를 쉽게 파악할 수 있습니다. 자신의 약점을 알게 되면 앞으로 문제를 풀 때 더 세심한 주의를 기울일 수 있고, 평소 더욱 효과적으로 공부할 수 있습니다.

문제를 풀고 나서 교훈 귀납을 할 때 앞에서 설명했던 '문제를 풀어가는 흐름'과 '그 작업에 필요한 능력'을 확인 포인트로 삼으면 좋을 것입니다.

지식을 정착시키려면

지식을 습득할 때 자신의 지식과 연결하는 '정교화 전략', 정보를 정리하는 '조직화 전략'이 중요하다는 것을 이 책에서 계속 강조했고, 구체적인 예는 2장에서 상세히 설명했지만, 복습의 맥락에서 다시 살펴봅니다. 수업에서 배운 내용을 완전히 내 것으로 정착시키기 위해서는 자신의 지식과 연결하거나 정보를 분류하면서 다시 공책에 정리해야 합니다. 하지만 수업 시간에 배운 내용을 매일 공책에 정리하기란 너무나 힘든 일입니다.

가장 손쉬운 방법은 배운 내용을 자기 말로 설명해 보는 것입니다. 자기 말로 바꾸어 말하거나 풀어서 설명하는 작업은 자신의 머릿속에 있는 지식과 수업 시간에 배운 지식을 연결해야만 가능한 일입니다. 따라서 이러한 방식의 복습은 정교화 전략에 해당합니다.

수업에서 배운 지식을 자기 말로 설명해 보는 과정의 효과를 측정하기 위해, 교육심리학에서 '자기 설명' 연구들이 진행되었습니다. 이러한 연구 중 하나로 치(Chi) 등의 실험(1994)을 들 수 있습니다. 이 실험에서는 혈액이 심장, 폐, 손발로 어떻게 흘러가는지, 인체에서 어떤 역할을 하는지를 다룬, 생물의 순환계 시스템에 관한 글을 읽을 때 스스로 내용을 설명하면서 읽으면 어떤 효과가 있는지 살펴보았습니다.

먼저 앞으로 읽게 될 생물의 순환계 시스템에 대해 어느 정도 알고 있는지 확인했습니다. 도표 6-3에서 볼 수 있듯이, 이 시험의 문제 난이도는 4단계로 되어 있습니다. 1단계는 문장 속에 답이 명확하게 나오는 문제, 2단계는 문장

도표 6-3 본문 읽기 시험에서 출제된 문제(치Chi 등 1994)

1단계 : 문장 속에 답이 있는 문제

본문 헤모글로빈은 산소와 이산화탄소를 운반하는 분자다.
Q 헤모글로빈이 운반하는 것은 무엇인가?

2단계 : 문장의 정보를 통합할 필요가 있는 문제

본문 정맥은 골격근 속을 지나간다.
골격근이 수축하면 정맥 속의 혈액이 밀려 나온다.
Q 혈액이 중력을 거슬러 몸의 아래쪽에서 심장으로 올라갈 수 있는 이유는
무엇인가?

3단계 : 문장을 이해한 후, 기존 지식을 이용해 추론해야 하는 문제

본문 심장은 판막에 의해 두 부분으로 나뉘어 있다.
혈액은 오른쪽 심장에서 폐로 흘러가고, 왼쪽 심장에서 몸으로 흘러 들어
간다.
이산화탄소가 많아지고 산소가 부족해진 혈액은 몸에서 오른쪽 심장으로
되돌아온다.
폐에서 혈액 속의 이산화탄소는 제거되고 산소는 흡수된다.
Q 판막에 구멍이 있으면 왜 산소 흐름의 효율이 떨어지는가?

4단계 : 순환계 시스템 전체에 대한 이해를 묻는 문제

본문 혈액은 산소, 영양소 등을 운반하는 역할을 한다.
초미세정맥이 모여 정맥을 형성하고 많은 혈액을 심장으로 운반한다.
영국의 과학자 윌리엄 하비는 심장과 혈액이 순환계 시스템을 구성하고 있
다는 사실을 최초로 발표했다.
Q 뱀독은 근육을 마비시키므로 뱀에 물리면 위험하다. 그렇다면 인간은 왜
뱀에게 발목만 물려도 금방 죽는 것일까?

의 정보를 통합해야 답할 수 있는 문제, 3단계는 문장을 이해한 후 이미 알고 있는 지식을 이용해 추론해야 답할 수 있는 문제, 4단계는 순환계 시스템 전체를 이해하지 못하면 풀 수 없는 문제였습니다.

그 후 순환계 시스템에 관한 글을 한 문장씩 읽게 했습니다. 그때 그 문장이 어떤 의미인지, 새로운 정보는 무엇인지, 앞의 문장과 어떤 관계가 있는지, 그 문장을 읽고 어떤 생각이 들었는지 소리 내어 말하며 읽어 보라고 했습니다. 문장에는 필요한 모든 정보가 있지는 않습니다. 따라서 어떤 의미인지 적극적으로 추측하면서 읽지 않으면 '대충 아는 상태'로 끝나버리고, 깊은 이해까지 도달하지 못합니다. 깊이 있게 이해하기 위해 '자기 설명'을 하면서 읽도록 지시한 것입니다.

나아가 이 연구에서는 피실험자의 설명에 대해 심도 있는 질문을 하는 조건(유도 조건, prompt condition)과 그런 질문을 하지 않는 조건(통제 조건, control condition)으로 나누어 실험했습니다. 유도 조건에서는 피험자가 자기 설명 중 모호한 말을 했을 때 "좀 더 설명해 줄 수 있나요?", "무슨 뜻인가요?" 같은 질문을 던졌습니다. 반면, 통제 조건의 피험자들은 심도 있는 질문을 받지 않는 대신 같은 문장을 두 번 읽으라는 지시를 받았습니다. 즉, 이 실험에서는 '심도 있는 자기 설명을 하면서 읽는 것'과 '얕은 자기 설명을 두 번 반복하는 것'의 효과를 비교한 것입니다.

이렇게 두 가지 조건으로 글을 읽게 한 후, 다시 도표 6-3 같은 문제를 풀게 하여 글에 대한 이해도를 조사했습니다. 그랬더니 두 조건 모두 글을 읽기 전보다 더 많은 문제에 답할 수 있게 되었습니다. 즉, 자기 설명을 하면서 글을 읽은 덕분에 생물의 순환계 시스템에 대한 이해가 깊어졌다는 의미입니다.

아울러 앞의 두 조건으로 읽었을 때의 차이점도 확인할 수 있었습니다. 심도 있는 질문을 받으면서 자기 설명을 한 유도 조건의 성적이 통제 조건보다 더 좋았습니다. 특히 3단계와 4단계의 문제에서 그 차이가 뚜렷이 나타났는데, '심도 있는 자기 설명'은 어려운 문제일수록 그 효과가 확실하다는 사실을 알 수 있었습니다.

그리고 유도 조건에서 자기 설명을 많이 한 사람과 적게 한 사람으로 나누어 분석해 보았는데, 자기 설명을 많이 한 사람일수록 성적이 더 좋았으며, 역시 이러한 효과는 3단계와 4단계 문제에서 특히 두드러지게 나타났습니다.

도표 6-3을 보면 알 수 있듯이, 3단계와 4단계 문제는 단순히 문장에 쓰인 정보만 기억해서는 답할 수 없습니다. 문장에 설명된 내용에 대해 '왜 그렇게 되는지'까지 알지 못하면 풀 수가 없는 문제입니다. 즉, 문장의 내용에 대한 '깊은 이해'가 요구되는 문제입니다.

이 실험 결과에서, 글에 쓰인 내용에 대해 '어떤 의미인지', '새로운 정보는 무엇인지', '이전에 읽은 내용과 어떤 관계가 있는지' 등을 자기 말로 설명하면서 읽으면 어려운 문제에도 답할 수 있을 정도로 깊은 이해가 가능하다는 사실을 알 수 있었습니다. 자기 말로 설명하려면 머릿속 지식이 서로 연결되고, 앞뒤 논리도 맞아야 하므로, 이런 작업을 통해 지식이 점점 더 정교화됩니다. 도표 6-3 실험은 이런 방법을 사용하면 배운 내용을 더 깊이 있게 이해할 수 있다는 사실을 증명합니다.

실천하기 쉽고 효과적인 복습법

지금까지 소개한 치(Chi) 등의 실험 결과를 평소 복습할 때 활용하려면 어떻게 하면 될까요? 가장 간단한 방법은 '배운 내용을 스스로 설명해 보는 것'입니다. 공책에 정리하는 번거로움이 없으니 쉽게 접근할 수 있을 듯합니다. 더구나 이 방법 역시 정교화 전략에 해당합니다.

이 방법을 사용할 때는 다음과 같은 과정이 필요합니다. 첫 번째는 설명할 대상을 상상해 보는 것입니다. '가르치는 대상을 가상으로 이미지화하고, 직접 가르친다는 생각으로' 설명해 봅니다. 이러한 공부법을 '가상 지도(hypothetical instruction)'라고 부릅니다(이치카와 1993).

이때 상상하는 대상은 설명하려는 내용을 아예 모를 것 같은 사람이 좋습니다. 만약 그 가상의 대상이 선생님이라면 별로 도움이 되지 않습니다. 선생님처럼 그 내용을 잘 아는 사람에게 설명한다고 상상하면 '이 사람은 잘 알고 있으니 굳이 자세히 설명하지 않아도 괜찮아'라는 생각에 빈약한 설명만 하고 넘어가기 쉽습니다.

하지만 나보다 학년이 낮거나 내용을 모를 것 같은 동생들을 상상하며 설명하면, 자기 말로 바꾸고 아주 쉽게 풀어서 설명해야 할 필요성을 느낍니다. 그런 작업을 통해 머릿속에 있는 지식이 서로 연결되고 이해가 더 깊어지게 됩니다.

두 번째는 이야기할 내용에 대해 '왜'와 '도대체'를 의식적으로 설명해 보는 것입니다.

앞의 실험에서 단순히 생각한 내용을 '자기 설명'하게 할 뿐 아니라 '왜 그렇게 되는가?', '도대체 무슨 뜻인가?'라는 질문을 던지는 유도 조건일 때 글의 내용을 더 깊이 있게 이해할 수 있었습니다. 이러한 질문에 답하기 위해서는 하나하나의 지식을 연결하면서 설명해야 하고, 이런 과정을 통해 이해가 깊어집니다. 스스로 설명하면서 복습할 때도 '왜'나 '도대체'를 이용해 스스로 질문을 던지면 높은 학습 효과를 기대할 수 있습니다.

5장에서 다룬 역사 공부의 예를 떠올려봅시다. '영국은 왜 이집트를 식민지로 삼았을까?'라는 질문에 '이집트에는 수에즈 운하가 있다', '인도는 영국의 식민지였다'라는 지식을 연결해서 '이집트의 수에즈 운하를 이용하면 당시 식민지였던 인도에 최단 기리로 갈 수 있기 때문'이라는 설명이 가능해집니다.

이런 내용을 설명하다 보면 '도대체', '왜' 인도를 식민지로 삼았을까 하는 의문이 자연스레 생깁니다. 이에 대답하려면 '영국은 면직 산업이 발달했다', '인도에서 목화를 채취할 수 있었다' 같은 지식이 필요하고, 이런 지식을 서로 연결하며 설명할 수 있습니다. 이처럼 '왜'나 '도대체'에 대해 설명하다 보면 더 깊은 공부로 나아가는 한편, 다양한 지식을 쉽게 연결할 수 있습니다.

이러한 복습법의 효과는 실제 학교에서도 검증된 바 있습니다(오타太田, 야마노이山野井 2019). 이 연구는 공립 고등학교의 수학 수업에서 자기 말로 설명하는 숙제를 내준 후 그 효과를 조사한 것입니다. 고등학교 1학년 과정 삼각비 단원에서 '$\tan(90°-A)=1/\tan A$이라고 말할 수 있는 이유를 그림과 함께 자신의 언어로 설명하시오' 같은 서술형 숙제를 내주었습니다.

실험 결과, 서술형 숙제를 내주었던 반은 정기고사 때 80% 이상의 학생들이 정답을 맞혔습니다. 반면, 숙제를 내주기는 했으나 서술형이 아니었던 반의 정답률은 60%로, 그 차이가 확실했습니다. 또 숙제로 내주지 않은 범위에서의 정답률은 두 학급 모두 50% 정도였습니다. 이는 수업 시간에 배운 내용을 자신의 언어로 설명하는 것이 얼마나 효과적인지 여실히 보여주는 결과라고 할 수 있습니다.

나만의 '약점 노트'

지금까지 학습한 내용을 자신의 언어로 설명하면 지식의 정교화가 이루어진다는 이야기를 해왔습니다. 그런데 설명은 정교화를 통해 지식을 더 잘 정착시킨다는 것 외에, 또 다른 장점이 있습니다. 그것은 바로 '내가 무엇을 모르는지 알 수 있다'는 점입니다.

스스로 자신의 이해도를 점검하는 작업은 3장에서 설명한 '메타인지 전략'의 하나인 '점검'에 해당합니다. 그러나 자신의 이해도를 스스로 점검하는 일은 상당히 어렵습니다. 수업에서 선생님이 알기 쉽게 가르쳐 주면, 실제로는 이해하지 못하더라도 '이해했다고 착각하는' 학생들이 많습니다.

또 전혀 이해되지 않을 때는 '무엇을 모르는지도 모르는'

상태가 되어버립니다. 이렇게 되면 자신의 이해도를 점검할 수조차 없습니다. 실제로 메타인지의 정확성을 조사한 연구에 따르면, 대학생들도 자신의 이해도를 정확하게 평가할 수 없다고 합니다. 그만큼 스스로 이해도를 파악하는 일은 어렵습니다.

이럴 때도 '자기 말로 설명해 보기'라는 공부법이 도움이 됩니다. 지식을 제대로 이해하고 있는지는 자기 말로 설명해 보면 금방 알 수 있습니다. 잘 설명할 수 있으면 '제대로 이해한' 상태이고, 설명할 수 없다면 '충분히 이해하지 못한' 상태입니다. 아직 이해하지 못하는 게 무엇인지 확실히 알았다면 이제 그 부분을 한 번 더 공부하면 됩니다.

이 방법을 공책 쓰기에 활용하면 '약점 노트'를 만들 수 있습니다. 수업에서 사용하는 공책에는 수업 내용을 간략하게 정리하고, 수업에서 특히 중요하다고 생각했던 내용을 기록합니다. 나중에 이 공책을 다시 살펴보면서 수업에서 배운 내용을 자기 말로 설명해 보고, 제대로 설명할 수 없는 부분, 즉 자기가 이해하지 못한 부분만 따로 다른 공책에 정리해 봅니다. 그러면 그 공책은 나만의 '약점 노트'가 됩니다.

이렇게 하면 수업 시간에 배운 모든 내용을 공책에 정리하는 것보다 더 효율적으로 복습할 수 있습니다. 자기 말로 설명하는 일은 지식을 연결하고 이해도를 높이는 데에도, 자기가 얼마나 깊이 있게 이해하고 있는지 확인하는 데에도 도움이 되는 일거양득의 공부법입니다.

교과서 활용법 연구

복습할 때 교과서를 활용하지 않는 사람이 의외로 많은 것 같습니다. 하지만 교과서에는 중요한 내용이 알기 쉽게 정리되어 있어서, 모르는 부분이 있으면 교과서를 찾아 바로 확인할 수 있습니다.

그래서 이번에는 교과서 활용법에 주목한 연구를 살펴봅니다(후쿠다福田 2017). 이 연구에서는 교과서 사용법으로 '자율적 이용', '의존적 이용', '표면적 이용'의 세 가지가 있다고 보고했습니다(도표 6-4).

자율적 이용은 한마디로 교과서를 '가장 현명하게 사용하는 방법'입니다. '교과서나 참고서를 찾아볼 때 예시나 비

도표 6-4 **교과서 사용법**(후쿠다 2017)

자율적 이용

- 예시나 비슷한 문제를 푸는 순서뿐만 아니라 왜 그런 식이 되는지에 대한 설명도 함께 읽는다.
- 공식뿐만 아니라 공식에 대한 설명 부분도 읽는다.
- 모르는 문제가 있을 때 교과서나 참고서를 다시 보면서 자신에게 부족한 지식을 확인한다.

의존적 이용

- 모르는 문제가 있을 때 스스로 생각하지 않고 교과서나 참고서를 찾아본다.
- 교과서나 참고서를 찾아볼 때는 스스로 풀기 위해서라기보다 그저 답을 찾기 위해 읽는다.
- 조금만 더 생각하면 알 수 있는 문제도 스스로 생각하지 않고 교과서나 참고서를 찾아본다.

표면적 이용

- 모르는 문제가 있을 때, 같은 유형의 문제를 찾아 '풀이 순서'를 보면서 푼다.
- 교과서나 참고서를 찾아볼 때, 활용할 수 있는 공식을 찾아 그 공식에 대입해서 풀어 본다.

숫한 문제를 푸는 순서뿐만 아니라 왜 그런 식이 되는지 설명도 함께 읽는다', '공식뿐만 아니라 공식에 대한 설명 부분도 읽는다' 같은 방법을 말합니다.

의존적 이용은 '모르는 문제가 있을 때 스스로 생각하지 않고 교과서나 참고서를 찾아본다'처럼 답을 찾기 위해 교과서를 사용하는 경우입니다. 이렇게 하면 교과서를 활용한다 해도 결국 '답을 베껴 쓰는 것'과 다를 바 없습니다. 이렇게 해서는 이해가 깊어지는 효과를 기대할 수 없고, 다른 문제를 풀 때도 별로 도움이 되지 않습니다.

마지막으로 표면적 이용은 교과서에 나오는 '같은 유형의 문제 풀이를 따라 하는' 경우입니다. 당장은 문제의 답을 찾을 수 있을지 모르나, 다음에 비슷한 문제를 풀 때 도움이 될 만한 교훈을 얻을 수 없습니다. 교훈 귀납을 설명할 때도 말했지만, 다른 문제를 풀 수 있으려면 답을 베끼거나 정답을 외우는 것이 아니라 왜 틀렸는지, 어떻게 생각하면 풀 수 있었는지 깨닫는 것이 중요합니다. 모르는 부분을 교과서에서 확인할 때도 이러한 점에 유의하면 도움이 됩니다.

어려워하거나 싫어하는 과목은 어떻게 해야 할까?

지금까지 문제를 해결하기 위해서는 교훈 귀납(왜 틀렸는지, 어떻게 생각하면 좋았을지 등 생각하는 방식이나 풀이 요령을 적어 두는 일 등)이 효과적이라는 점, 깊이 있게 이해하고 자신의 이해도를 확인하기 위해서 자기 말로 설명해 보는 과정이 중요하다는 점에 대해 살펴보았습니다.

하지만 어려워하거나 싫어하는 과목을 이런 방법으로 복습하기에는 무리가 있습니다. 공부를 잘하는 사람, 공부를 좋아하는 사람은 평소 이 책에서 소개한 것 같은 학습전략을 구사하며 고난도의 공부를 하고 있지만, 별로 힘들어 보이지 않는 경우가 많습니다. 하지만 모든 사람이 공부를 좋아하지는 않으며, 좋아하는 과목이 있는가 하면 싫어하는 과목도 있습니다. 그렇다면 어려워하거나 싫어하는 과목은 어떻게 복습하면 좋을까요?

이미 설명한 바와 같이 공부하는 방법을 익히려면 (1) 방법을 배우고, (2) 방법을 따라 하고, (3) 혼자서 해보고, (4) 다양한 상황에서 활용하며 익히는 4단계 과정을 밟아야 합니다.

따라서 방법을 제대로 배우거나 구체적으로 어떻게 하면 좋은지에 대해 공부 잘하는 사람에게 물어봐야 합니다. 앞서 소개한 수학을 힘들어했던 중학생에게 교훈 귀납을 가르친 연구에서는 학생이 선생님과 함께 교훈을 생각하는 연습을 반복했습니다(우에사카 2010). 이를 통해 요점을 파악하는 방법을 배울 수 있었고, 어떤 내용을 공책에 적어두면 좋을지 알 수 있었습니다.

선생님이나 공부 잘하는 친구와 함께 공부하는 것은 부담스러운 과목일수록 매우 중요한 동기부여가 될 수 있습니다. 학습 의욕을 높이는 동기부여 조절 전략에도 친구와 함께 공부하는 '협동 전략'이 있습니다.

친구와 함께 공부하면서 "이 문제를 푸는 요령은 어떻게 적으면 될까?", "이럴 때는 어떤 식으로 공책 정리를 해?"라고 조언을 구하면 공부의 질을 더 높일 수 있습니다.

그 밖에도 어려워하는 과목을 복습할 때는 처음부터 '왜'를 이해하려고 애쓰지 말고 '기본 지식의 습득'을 목표로 삼으면 됩니다. '동기부여'에 대한 심리학 연구에 따르면, 우리 인간은 할 수 있을 것 같은 기대감이 없으면 의욕이 생기지 않는다고 합니다. 따라서 조금만 노력하면 이룰 수 있을 것 같은, 손에 닿을 수 있을 것 같은 목표를 정하는 것이 좋습니다.

이런 기대감은 막연한 내용보다는 구체적인 내용일수록 더욱 높아집니다. 이를테면, 처음에는 '배운 공식을 정리해보기'를 목표로 삼고, 조금 익숙해지면 '연습문제의 풀이를 스스로 설명해 보기’ 같은 방법도 시도해 보면 좋을 것입니다. 나중에 여유가 생기면 ‘문제 풀이의 포인트를 적어 두기’ 같은 교훈 귀납을 도입한 복습법으로 넘어가도 좋습니다.

역사 공부처럼 외워야 할 내용이 많은 경우에도 목표 설정이 중요합니다. ‘일단 역사의 큰 흐름만 설명할 수 있도록 하자’, ‘중요한 사건 몇 개만 기억해 두자’와 같이 큰 흐름과 큰 틀만 목표로 삼고 조금씩 세부 내용을 채워가는 방식으로 공부하면 됩니다.

물론 기본 지식이 머릿속에 들어있지 않으면 사건의 인과관계 같은 지식의 연관성을 이해하기는 어렵습니다. 의미도 모른 채 일단 외우는 행위는 깊은 이해라고 볼 수 없지만, 이해를 중시하다 보면 공부의 문턱이 높아져 전혀 손을 댈 수 없는 지경이 되어버립니다. 그런 경우라면 암기식 반복 학습이 더 유용할 수도 있습니다. 어려워하거나 싫어하는 과목이라면 중요 내용을 빨간 펜으로 쓰고 빨간 반투명 시트로 안 보이게 가려 조금씩 조금씩 암기하면서 지식을 늘려가는 것을 목표로 삼아 앞으로 나아갈 수 있습니다.

이러한 암기 위주 학습에서도 더 효과적인 방법을 모색하는 노력이 중요합니다. 2장에서 설명했듯, 반복해서 암기할 때는 '잊어버리기 직전에 하는 것'이 가장 효과적입니다. 기억하고 싶은 내용을 먼저 하나씩 '떠올리는' 작업을 해보고, 기억해 내지 못한 부분에는 표시해 둡니다. 그리고 '잊어버리기 직전의 타이밍'에 다시 복습하면 됩니다. 외워야 할 내용 전체를 무조건 몇 번이고 반복해서 외우려고 하지 말고, 외우지 못한 부분이나 기억이 알쏭달쏭한 부분만 여러 번 반복해서 외우며 공부해 봅시다.

지식이 조금씩 머릿속에 자리 잡고 나면, 사건명을 보고 '어떤 사건이며, 왜 일어났는지' 설명해 보거나, 인명을 봤을 때 '어떤 인물이고, 어떤 일을 한 사람이며, 왜 그런 일을 했는지'를 설명해 보면 좋을 것입니다. 자기 말로 지식을 연결해 설명할 수 있는지 조금씩 시도하다 보면 점점 더 내용을 깊이 있게 이해할 수 있게 되고, 나아가 지식이 정착할 수 있습니다.

마지막 목표는 '왜'와 '도대체'를 자기 말로 설명할 수 있게 되는 것입니다. 그렇게 할 수 있도록 끊임없이 노력해 나가는 과정이 중요합니다.

232

누구든 좋아하는 일, 잘하는 일만 하며 살아갈 수는 없습니다. 싫어하는 일도, 어려운 일도 어떻게든 고민하고 탐구하며 해결해 가야 합니다. 학교생활에서 다양한 과목을 공부하면서 우리는 앞으로 세상에 나아가 마주치게 될 다양한 문제들을 탐구할 힘을 키우게 됩니다. 어렵고 싫지만 회피하지 않고 하나하나 해결의 실마리를 찾아 나갈 때, 진정한 '공부하는 힘'을 키울 수 있습니다.

저는 이 책에서 심리학 이론과 연구 결과를 바탕으로, 공부할 때 필요한 여러 방법에 관해 설명했습니다. 그중 제 연구 결과는 앞서 출간된 『예습의 과학 '깊은 이해'로 이어지는 가정학습』에 상세히 나와 있습니다. 그 책은 학교 선생님을 위해 썼습니다. 그래서 기회가 되면 중고생이나 대학생처럼 한창 열심히 공부하는 사람들, 공부에 어려움을 겪고 있는 사람들을 위한 책도 쓰고 싶었습니다.

그러던 참에 마침 지쿠마쇼보의 하시모토 요스케로부터 이 책의 기획을 의뢰받았고 저는 아주 기쁜 마음으로 집필에 들어가 이렇게 출간의 영광을 안았습니다. 지금까지 교육심리학 교재나 학술서 등 여러 책을 써왔지만, 일반독자를 대상으로 한 책은 처음이라, 어떻게 써야 할지 막막할

때가 종종 있었습니다. 그럴 때마다 하시모토가 어떤 점에
유의해야 할지 친절하게 조언해 주어, 저는 마치 독자 여러
분을 만나 이야기하듯 가벼운 마음으로 책을 쓸 수 있었습
니다. 기획부터 출간까지 전 과정을 도와주며 세세한 부분
까지 꼼꼼하게 확인해 준 하시모토에게 진심으로 감사드립
니다.

요즘 문부과학성이나 국립교육정책연구소가 발행하는
여러 문서에 '자기조절 학습'이라는 용어가 자주 눈에 띕니
다. 이 책에서 언급했던, 고민하고 탐구하며 공부하는 힘,
자기 공부를 스스로 조절하는 힘은 앞으로 더욱 더 중요해
질 것입니다. '자기조절 학습'이라고 하면 '학습자가 마음
내키는 대로 공부한다'는 이미지가 강합니다. 그래서 '자기
조절 학습'을 자유 연구 같은 탐구학습과 관련된 개념이라
고 인식하는 경우가 많습니다. 하지만 이 책에서도 설명했
듯 '자기조절 학습'이란 비즈니스 업무에서 흔히 사용하는
'PDCA 사이클'처럼 예측, 실행, 평가, 개선으로 이어지는
일련의 과정을 가리킵니다.

시험을 앞두고 공부 계획을 세우고, 열심히 공부하고, 시
험 결과를 보며 평가하고, 자신의 공부 계획이나 공부 방법

을 개선합니다. 이 과정이 바로 시험을 기준으로 한 '자기
조절 학습'입니다. 언제, 어디서 숙제할지 계획을 세우고,
숙제를 열심히 하고, 어느 정도 시간이 걸렸는지, 어느 정
도 이해할 수 있었는지 스스로 되돌아보고, 다음 숙제에 적
용하여 개선한다면, 숙제를 기준으로 한 '자기조절 학습'입
니다. 예습을 통해 수업에서 무엇을 알고 싶은지 계획을 세
우고, 수업을 받고, 자신의 이해도를 점검한 후 복습 계획
을 세웁니다. 훌륭한 학습자는 예습-수업-복습의 과정에서
'자기조절 학습'을 생활화합니다. '자기조절 학습'은 일상
적인 공부의 요소요소에 녹아들어 있습니다.

'고민하고 탐구하며 공부하는 힘'을 키우려고 할 때 선생
님과 학부모님의 역할은 상당히 큽니다.

이 책에 나와 있는 것처럼 학생은 (1) 방법을 배우고, (2) 방
법을 따라 하고, (3) 혼자서 해보고, (4) 다양한 상황에서 활
용하는 4단계를 거치며 스스로 학습을 조절하는 힘을 키워
나갑니다. 초기 단계에는 선생님이나 학부모님 같은 '선배
학습자'가 다양한 공부법과 요령을 가르치고 본보기를 보
여줄 필요가 있습니다.

이 책은 중고등학생과 대학생을 위해 썼지만, 그런 의미

에서 학부모님이나 선생님을 위한 책이기도 합니다. 책에서 소개한 여러 공부법을 학교 선생님이나 학부모님들도 꼭 기억해 두셨으면 합니다. 가정학습과 학교 수업과의 연계 방법 등에 대한 상세한 내용은 『예습의 과학 -'깊은 이해'로 이어지는 가정학습』을 참고하시기 바랍니다.

책 첫머리에서도 밝혔듯이, 학습이나 교육에서 '이렇게만 하면 돼!'라는 정답은 있을 수 없습니다. 이 책을 통해 많은 분들이 공부법과 학습전략에 관심을 갖고, 학교나 가정에서 어떻게 하면 공부를 잘할 수 있을지 함께 고민해 주신다면 제게 큰 기쁨이 될 것입니다.

참고문헌

Aiken, E. G., Thomas, G. S., & Shennum, W. A. (1975). Memory for a lecture: Effects of notes, lecture rate, and informational density. *Journal of Educational Psychology*, 67 (3), 439-444.

赤松大輔 (2017)「高校生の英語の学習観と学習方略学, 業成績との関連 —学習観内、学習方略内の規定関係に着目して」『教育心理学研究』65 (2), 265-280頁

Ausubel, D. P. (1960). The use of advance organizers in the learning and retention of meaningful verbal material. *Journal of Educational Psychology*, 51 (5), 267-272.

Ausubel, D. P., Stager, M., & Gaite, A. (1968). Retroactive facilitation in meaningful verbal learning. *Journal of Educational Psychology*, 59 (4), 250-255.

Azevedo, R., & Cromley, J. G. (2004). Does training on self-regulated learning facilitate students' learning with hypermedia? *Journal of Educational Psychology*, 96 (3), 523-535.

Azevedo, R., Cromley, J. G., & Seibert, D. (2004). Does adaptive scaffolding facilitate students' ability to regulate their learning with hypermedia? *Contemporary Educational Psychology*, 29 (3), 344-370.

Azevedo, R., Cromley, J. G., Winters, F. I., Moos, D. C., & Greene, J. A. (2005). Adaptive human scaffolding facilitates adolescents' self-regulated learning with hypermedia. *Instructional Science*, 33, 381-412.

Bandura, A. & Schunk, D. H. (1981) Cultivating competence, self-efficacy, and intrinsic interest through proximal self-motivation, *Journal of Personality and Social Psychology*, 41, pp. 586-598.

Bower, G. H., Clark, M. C., Lesgold, A. M., & Winzenz, D. (1969). Hierarchical retrieval schemes in recall of categorized word lists. *Journal of Verbal Learning and Verbal Behavior*, 8 (3), 323-343.

Bransford, J. D., & Stein, B. S. (1984). *The ideal problem solver: A guide for improving thinking, learning, and creativity*. New York: W. H. Freeman.

Chi, M. T., De Leeuw, N., Chiu, M.-H., & LaVancher, C. (1994). Eliciting self-explanations improves understanding. *Cognitive Science*, 18 (3), 439-477.

Dillon, J. T. (2004). *Questioning and teaching: A manual of practice*. Wipf and Stock Publishers.

Elliot, A. J., McGregor, H. A., & Gable, S. (1999). Achievement goals, study strategies, and exam performance: a mediational analysis. *Journal of Educational Psychology*, 91 (3), 549-563.

福田麻莉 (2017)「家庭学習のつまずき場面における数学の教科書・参考書の自発的利用—教科書観と教師による教科書の使用に着目して」『教育心理学研究』65 (3), 346-360頁

Gick, M. L., & Holyoak, K. J. (1983). Schema induction and analogical transfer. *Cognitive Psychology*, 15 (1), 1-38.

堀野緑・市川伸一 (1997)「高校生の英語学習における学習動機と学習方略」『教育心理学研究』45 (2), 140-147頁

市川伸一 (1993)『学習を支える認知カウンセリング—心理学と教育の新たな接点』ブレーン出版

市川伸一 (2004)『学ぶ意欲とスキルを育てる—いま求められる学力向上策』小学館

市川伸一 (2007)『勉強法が変わる本—心理学からのアドバイス』岩波ジュニア新書

市川伸一 (2008)『「教えて考えさせる授業」を創る—基礎基本の定着・深化・活用を促す「習得型」授業設計』図書文化

市川伸一・堀野緑・久保信子（1998）「学習方法を支える学習観と学習動機」市川伸一 (編著)『認知カウンセリングから見た学習方法の相談と指導』ブレーン出版, 186-203頁

市川伸一・南風原朝和・杉澤武俊・瀬尾美紀子・清河幸子・犬塚美輪・村山航・植阪友理・小林寛子・篠ヶ谷圭太（2009）「数学の学力・学習力診断テスト COMPASS の開発」『認知科学』16 (3), 333-347頁

Kiewra, K. A. (1985). Investigating notetaking and review: A depth of processing alternative. *Educational Psychologist*, 20 (1), 23-32.

Kiewra, K. A. (1987). Notetaking and review: The research and its implications. *Instructional Science*, 16, 233-249.

Kiewra, K. A., Mayer, R. E., Christensen, M., Kim, S., & Risch, N. (1991) Effects of repetition on recall and note-taking: Strategies for learning from lectures. *Journal of Educational Psychology*, 83, 120-123.

Kiewra, K. A., Benton, S. L., Kim, S., Risch, N., & Christensen, M. (1995). Effects of note-taking format and study technique on recall and relational performance. *Contemporary Educational Psychology*, 20 (2), 172-187.

国立教育政策研究所（2019）「学習評価の在り方ハンドブック(小・中学校編)」https://www.nier.go.jp/kaihatsu/pdf/gakushuhyouka_R010613-01.pdf

松尾豊（2015）『人工知能は人間を超えるか ディープラーニングの先にあるもの』角川EPUB選書

Miyake, N., & Norman, D. A. (1979). To ask a question, one must know enough to know what is not known. *Journal of Verbal Learning and Verbal Behavior*, 18 (3), 357-364.

水野りか（1998）「再活性化説に基づく効果的な分散学習スケジュールの実現」『教育心理学研究』46 (2), 173-183頁

文部科学省（2017）「小・中学校 学習指導要領」

文部科学省（2021）「学習指導要領の趣旨の実現に向けた個別最適な学びと協働的な学びの一体的な充実に関する参考資料（令和3年3月版）」

https://www.mext.go.jp/content/20210428-mxt_kyoiku01-00014639_13.pdf

Muis, K. R., & Franco, G. M. (2009). Epistemic beliefs: Setting the standards for self-regulated learning. *Contemporary Educational Psychology*, 34 (4), 306-318.

根岸雅史 (2007)「日本の高校生の家庭英語学習の実態と日常英語使用経験 東アジア高校英語教育 GTEC 調査2006報告書」ベネッセコーポレーション, 14-20頁

O'donnell, A., & Dansereau, D. F. (1993). Learning from lectures: Effects of cooperative review. *The Journal of experimental education*, 61 (2), 116-125.

太田絵梨子・山野井俊介 (2019)「意味理解を重視した宿題の開発と授業との連動―高校数学を対象として」『日本教育工学会論文誌』43 (2), 151-165頁

小野田亮介・河北拓也・秋田喜代美 (2018)「付箋による意見の可視化と分類が議論プロセスに与える影響―参加者のシャイネスに着目して」『日本教育工学会論文誌』41 (4), 403-413頁

Otis, N., Grouzet, F. M., & Pelletier, L. G. (2005). Latent motivational change in an academic setting: A 3-year longitudinal study. *Journal of Educational Psychology*, 97 (2), 170-183.

Pintrich, P. R., & De Groot, E. V. (1990). Motivational and self-regulated learning components of classroom academic performance. *Journal of Educational Psychology*, 82 (1), 33-40.

Pintrich, P. R., Smith, D. A., Garcia, T., & McKeachie, W. J. (1993). Reliability and predictive validity of the Motivated Strategies for Learning Questionnaire (MSLQ). *Educational and Psychological Measurement*, 53 (3), 801-813.

酒井志延 (2001)「学力評価 英語教員研修研究会 (編) 現職英語教員の教育研修の実態と将来像に関する総合的研究」110-117頁, 平成12年度科学研究費補助金基盤研究 (B) 研究成果報告書

佐藤純 (1998)「学習方略の有効性の認知・コストの認知・好みが学習方略の使用に及ぼす影響」『教育心理学研究』46 (4), 367-376頁

Schunk, D. H. (1989). Self-efficacy and achievement behaviors. *Educational Psychology Review*, 1, 173-208.

Schunk, D. H. (1990). Goal setting and self-efficacy during self-regulated learning. *Educational Psychologist*, 25 (1), 71-86.

Schunk, D. H. (1991). Self-efficacy and academic motivation. *Educational psychologist*, 26, 207-231.

澁川幸加・田口真奈・西岡貞一 (2019)「反転授業におけるワークシートの利用が対面授業時の学びへ与える影響—対面授業時の発話内容と深い学習アプローチに着目して」『教育メディア研究』26 (1), 1-19頁

篠ヶ谷圭太 (2008)「予習が授業理解に与える影響とそのプロセスの検討—学習観の個人差に注目して」『教育心理学研究』56 (2), 256-267頁

篠ヶ谷圭太 (2010)「高校英語における予習方略と授業内方略の関係—パス解析によるモデルの構築」『教育心理学研究』58 (4), 452-463頁

篠ヶ谷圭太 (2011)「学習を方向づける予習活動の検討—質問に対する解答作成と自信度評定に着目して」『教育心理学研究』59 (3), 355-366頁

篠ヶ谷圭太 (2012)「学習方略研究の展開と展望—学習フェイズの関連づけの視点から」『教育心理学研究』60 (1), 92-105頁

篠ヶ谷圭太 (2013)「予習時の質問生成への介入および解答作成が授業理解に与える影響とそのプロセスの検討」『教育心理学研究』61 (4), 351-361頁

Shinogaya, K. (2017). Preparatory learning behaviors for English as a second language learning: The effects of teachers' teaching behaviors during classroom lessons. In Emmanuel, M., Uesaka, Y., and Chinn, C. (Eds.). *Promoting spontaneous use of learning and reasoning strategies*, pp. 155-171. Routledge.

Shinogaya, K. (2018). Motives, beliefs, and perceptions among learners affect preparatory learning strategies. *The Journal of Educational Research*, 111 (5), 612-619.

Shinogaya, K. (2021a). Effective ways of enhancing the quality of question generating and spontaneous information search outside the classroom. *International Journal of Higher Education*, 10 (3), 58-74.

Shinogaya, K. (2021b). Exploring the effects of question generation instruction on attitudes and strategy uses in and out of the classroom. *Learning: Research and Practice*, 7 (2), 165-178.

Shinogaya, K. (2022). The effect of answering pre-questions and evaluating confidence in preparation on learning in classroom instruction. *Educational Practice and Theory*, 44 (1), 41-59.

篠ヶ谷圭太（2022）『予習の科学―「深い理解」につなげる家庭学習』図書文化

篠ヶ谷圭太・福本雅俊・山本愛美・川村明子・中井嘉子（2024）「総合的な学習の時間を用いた学習方略の探究」『日本教育工学会論文誌』48

鈴木豪（2016）「小学校高学年における学習観と算数の課題解決との関連」『教育心理学研究』64（3），327-339頁

田中博之・木原俊行・大野裕己（2009）「授業と家庭学習のリンクが子どもの学力を伸ばす: 家庭学習充実に向けての学校・教師・保護者の連携を目指して」Benesse 教育研究開発センター

辰野千寿（1997）『学習方略の心理学―賢い学習者の育て方』図書文化

内田奈緒（2021）「中高の英語学習における語彙学習方略―方略使用・有効性と規定要因に関する発達的差異の検討」『教育心理学研究』69（4），366-381頁

植木理恵（2002）「高校生の学習観の構造」『教育心理学研究』50（3），301-310頁

植阪友理（2010）「学習方略は教科間でいかに転移するか―「教訓帰納」の自発的な利用を促す事例研究から」『教育心理学研究』58（1），80-94頁

梅本貴豊・田中健史朗（2012）「大学生における動機づけ調整方略」『パーソナリティ研究』21（2），138-151頁

Zimmerman, B. J., Bonner, S., & Kovach, R. (1996). *Developing self-regulated learners: Beyond achievement to self-efficacy*. American Psychological Association.

Zimmerman, B. J., & Schunk, D. H. (2011). Self-regulated learning and performance: An introduction and an overview. In Zimmerman, B. J., & Schunk, D. H. (Eds.). *Handbook of Self-Regulation of Learning and Performance*, pp. 15-26.

옮긴이 권정애

경상국립대학교 일본학과 한일 비교언어학 박사. 일본어 중등교사 2급. 고등학교 일본어 교사, 일본 도시샤대학과 나고야대학에서 객원 연구원을 거쳤으며 경상국립대학교, 남해도립대학 등에서 일본어를 가르쳤다. 지은 책으로 단편소설집 『손바닥에 쓰다』(공저), 『교과서 일본어 1』(공저) 등이 있고, 옮긴 책으로 『게으름뱅이 학자, 정신분석을 말하다 Ⅰ·Ⅱ』, 『책과 책방의 미래』 등이 있으며, 『책과 책방의 미래』로 한국출판평론상 번역 우수상(한국출판연구소, 2017)을 받았다.

최신 인지심리학이 밝혀낸 효과적인 공부법

예습과 복습의 과학

1판 1쇄 발행 2025년 11월 14일　　　지은이　시노가야 게이타
　　　　　　　　　　　　　　　　　옮긴이　권정애
　　　　　　　　　　　　　　　　　마케팅　용상철
　　　　　　　　　　　　　　　　　인쇄　　도담프린팅

펴낸이　백지선
펴낸곳　또다른우주
등록　　제25100-2025-0000023호(2021년 5월 17일)
전화　　02-332-2837
팩스　　0303-3444-0330
이메일　anotheruzu@naver.com
블로그　blog.naver.com/anotheruzu

ISBN 979-11-93281-14-7 03370